水・電気・食料の国家支配の排除が道州制成功の鍵

福岡大学客員教授
永野芳宣

財界研究所

はしがき

この本は、二つの目的を持って著わされている。

第一には、中央国家政府の暴走を制御出来るのは、わが国の場合、実権を持った地方自治州政府の早々の設立しか無いということを書いたものである。

第二には、その自治州政府が、眞に実権を持つためには、各地方・地域の基本資源ないし財産に均しい「水・電気・食料」を、絶対に、暴走する可能性を持っている中央政府のコントロール下に置いてはならないということである。

またこの本の本文の文体は、うちの上さんとの対話のかたちで出来上がっている。発端は、私たち夫婦の普段の会話から始まった。

そのポイントは、これからは個人の身の周りを大切にする世の中だから、地方の時代といわれるのに、アベノミクスは正に中央主導の強烈な政治が再現するのではないか。そうすると、問題だといわれながらますます東京首都圏中心の都市化が進み、道州制などということはもう夢のような話になってしまう。中央行政に奉仕する地方の時代（道州制）になっては、昔と変わらなくなる。

このままでよいのか、早々に問題提起をすべきではないか。そういう思いが頭に在った。

そこで、夢のような話になっては困ると思う「道州制」すなわち、地方主導の政治を実現するのには、どうしたら良いのか。

アベノミクスの中央主導の政治を、正面から話を進めてもなかなか地方の問題には辿り着けない。やはり、逆転の発想で考えてみようと思った。

すなわち、それぞれの地域の地勢・歴史・文化・伝統に、結び付いたこと。一言でいえば、それぞれの土地の基礎的日常生活に密着したことで、みんながひと時も欠かせたら困るもの、それは《水・電気・食料》の三つである。この三本柱の政治は、絶対に「道州制自治」から放してはならないということになった。

内容がいわばハードな話だから、出来るだけうちの上さんの力を借りて、分り易くするように努めたつもりである。努力が足りない分は、私の力不足でありご容赦いただきたい。

何しろ、世の中の動きは早い。なんと、この六月会期末を迎える国会に、例えば、この本の重要な課題の一つである発送電分離を目途とする電気事業法改正案が提出されようとしている。これがもしも可決されたら、間違いなく道州制は殆ど意味が無くなり、日本という国を滅亡に導くことになる。発送電を分離すれば電気の自由取引が行なえるようになるというは、全くの偽り話である。逆に、電気の統制と配給制度を招来することになってしまう。この本をお読みいただき、是非とも良識ある方々の力で、その間違った動きを食い止めていただきたいと念願している。

二〇一三年六月十四日

筆者

はじめに

この本で取り上げる「道州制」は、七年前第一次安倍内閣で本格的に火入れをしたものだ。そして今第二次安倍内閣が、窯から平成維新の新しい「道州制」という完成品を取り出そうとしている。

百四十五年前の明治維新は、地方を征圧した中央国家支配により成就した。だがこれからの本格的平成維新は、道州制すなわち地方自治州政府の誕生が無ければ成り立たない。しかしみんながその意図の中で、骨抜きにしようとする隠れた真の敵を、未だ殆ど意識も認識もしていないようだ。

隠れたその恐ろしい敵は今、地方の基本資源「水・電気・食」の三本柱をあらゆる手を使いながら確保し、中央国家支配を果たそうとしている。

本書は、専門的情報と論理の裏付けの基に、その実態を解明し世に警鐘を唱えようとするものである。

二〇一三年七月実施予定の参議院議員改選で、自民党中心の第二次安倍内閣による本格的な安定政権が誕生する。日本国民の民意は、すでに昨年末から明確に変わった。

二〇一二年十二月十八日に実施された衆議院議員選挙で、民主党政権が惨敗したからだ。一度遣らせてみたらという世論を受けて、国民が付託したこの政権だったが、彼らの満三年間の施策は、余りにも酷かった。

極端な偏向的場当たり施策、例えば「コンクリートからヒトへ」「高速道路無料化」「無謀な原発ゼロ政策」「消費者無視の再生可能エネルギー固定価格買取制度」「道州制運動の放棄」「規律無き農家個別補償」「近隣国への外交稚拙」「沖縄県民と同盟国への不信感拡大」など、挙げればきりが無い。

一国の繁栄は、あくまで政治のリーダーたちの時代にマッチした、「ヒト・モノ・カネの巧みな使い方と施策」に掛かっている。二十一世紀初頭の、益々グローバル化しＩＴが渦巻く世の中に、成熟化した一億二千万人の日本国と国民の存亡を掛けた、これからの重要な国策とは何か。

自公現政権は漸くその一つに、《地方の時代》という目標を本格化することにした。すなわち、「道州制」を実現する運動が大きな国策の賭けになっている。この運動が成功するかどうかが、アベノミクスといわれる成長戦略の重要な筋道の中に在る。だがそれは、単に中央主導の筋道に過ぎない。

筋道の奥に在るカギ（鍵）を、正しく見付けかけ違いが無いようにすべきだ。

その成功のカギになる基は、四十六億年前の宇宙と地球の誕生の折から授かった一つしか無い、日本列島という名のそれぞれの地方における、「三本柱《水資源と電気と食料》」である。この三本柱は、間違いなくいずれも地域・地勢に密着し、その地方住民の生きる意欲と生き甲斐を作り出す、正に地方の時代の源泉となっている。そういう独特の基礎資源であり基本財産である。

別の表現をすれば、地域地方に密着した基礎資源を国家管理に渡してはならないということだ。道州制すなわち、《地方自治州》の政治の仕方は、あくまでも主体的にかつ自主的に、この「三本柱」を活かしていかねばならない。そうしなければ道州自治を支える地方財政も成り立たなくなる。そうした基本的な源泉とその運用システムを、中央政府に預けてはならないのだ。

産業振興、中小企業対策、サービス、運輸、観光、福祉、医療、介護そして環境対策等、全て道州制と結び付いた重要課題である。だが、折角道州制を実施しても、「水・電気・食料」という地域社会の三本柱が、いつの間にか国家支配になってしまい、結局は総てを骨抜きにしまうことを忘れてはならない。地方自治州にとっての、真の敵はそこにいる。

今や地方自治州の真の自主的な発展こそが、逆に国家大の成長戦略を支え導くという逆転の発想が要る。何故そうなのかは、明確である。

それは一言でいえば、衣食住を充たすことを目途に、日本全体が生活水準の底上げを図るため、懸命に努力し高度成長を果たした時期はとうに過ぎてしまった。国家中心すなわち、中央政府と霞ヶ関行政官庁とが主導してきた国造りは完了し、今やそのほころびを如何に修復するかが問われている。

歴史は繰り返す。財政赤字、産業衰退、失業拡大等で危機的状態に陥いると、必らず独裁者が現れる。そして、破滅が迫ってくる。成熟国家の日・欧・米は、正にそのジレンマの中で、何らかの「暴走制御システム」が必要だとして跪いている。

そして先ず欧州は、各国の主権の上に、それぞれの暴走をコントロールする「ＥＵ」という《超法規的システム》を自ら考案した。次いで米国だが、ここは従来からの議会が大統領を制御するというシステムが在り、さらにそれを深化させようとしている。だが、秀れて組織社会の日本では、議員内閣制という憲法の規定もあり、またアジアの特殊な地勢を考えれば、欧米型の制御システムは不可能である。日本型の中央政治の暴走制御システムは、歴史の流れを見れば判る通り、ここで取り上げる地方自治政府の設立による、下からの中央のコントロールという方途しか考えられない。

失われたこの二十年とは、成熟化してしまった日本人の生き甲斐は、果たして何か。その選択の期間だったといえる。その答えが、漸く見えてきたのが現在であろう。

すなわち一つの極めて重要な答えが、現在もそしてこれからも、益々情報・知識・芸能・文化・娯楽・医療・福祉等々が、中心的な関心事をしっかり満足させるための、《基礎条件の整備》ということである。それが、もう一つの意味での『道州制』の実現である。飽くまでも個々人の、しかも《個人的関心事》を、責任を持って身近に見守ってくれる『道州制』である。

わが国においても、ますます個人中心の世の中になりつつある。それを後戻りすることは、とても無理だ。いくらITの世の中でも、小さい国土といわれながら二千kmもの長躯の日本列島である。この列島に住む一億二千万人の個性が、千差万別に発する欲望を、これまでのように中央政府が主導して、面倒を見るは不可能なのだ。結局は、地方地域が自主的に独自に、面倒を見るしか無い。

だから、今や地方自ら自治州として、個々の住民に結び付いた統治手段がどうしても必要な時代なのだ。そのための基本的なカギが、地域地方の地勢にしっかりと結び付いている三本柱《水と電気と食料》である。それを忘れては地方の時代、すなわち自治州の自己責任が果たせる仕組みには、決してならない。

ところでなぜ三本柱かは、誰もが単純に理解して貰えるだろう。

天の差配は、真に厳しい。すなわち、宇宙と地球が授けてくれた日本列島という「珍しく資源の乏しい細長い国」には、唯一四季折々の変化そして変動が在る世の中を与えてくれた。それが、日本人をして厳しく生き抜くための「それぞれ地方地域独特の宝モノ」であり、その基本が《水・電気・食料》の三本柱である。

本文で明確にそれぞれ述べるが、先ず「水」という資源は、自治州政府が責任を持って管理し、州民の命を守る基本資源としていく必要が在る。地球環境問題を守るという名目で、国家管理にしようという企てがあるが、地方住民のそれこそ命に直結する水資源は、むしろこれからの「水ビジネス」の推進のためにも、私企業経営の参画こそ必要であって、国家統制への動きを絶対に避ける必要がある。

戦前から引き続く戦後においても、水資源の管理は「治水対策」「利水対策」そして「環境対策」をそれぞれ名目に、全て国家管理を基本にしてきている。中央主導の政治が必要だった。だがこれからは、水資源の活用が《活水対策》の時代に確実に移る。地域地方に密着した《活水対策》が、民間のビジネスと結び付く。それが、二十一世紀の経済再生の大きな柱になると考える。そして、同時に地方財政を充たしてくれる。

ちなみに水資源に関連して、《活水対策》という言葉は、筆者である永野がここで初めて使用する造語である。中央と地方の双方において、親子二代に亘り奇しくも河川事業に関与してきた者としてお許しいただきたい。

そしてこの《活水対策》と農林事業とは、とても深く結び付いているので、後の「食料資源」の項目の中でも関連して取り上げる積もりである。

次いで「電気」は、正に上述の「水資源」の場合と同じく地域密着型である。そのことは、先に著した『発送電分離は日本国家の心臓破壊』（財界研究所）の中で詳しく述べている。電気が目には見えないが、しかし生産即同時に消費される生きたエネルギーだという、その商品特性を理解すれば、現在の民営による発送電一貫体制の仕組みでなければ、地域社会への安定供給は決して成り立たない。あくまでも、公益事業でもある電気事業を、自治州が成り立つための基本的手段として確保していくべきだ。発送電を分離して、電気の運営を国家管理に委ねた途端に、道州制すなわち地方自治州制度自体が機能しなくなり、地域社会が崩壊する。また、中央政府暴走の最適手段になりかねない。

すなわち、日本の電力システムは、いかにも時代遅れだとの主張が在る。このため、発送電の垂直統合を無くして、法的に分離し電気が配給制度のようになっている現状を、自由取引制度に改革すべしというのが、改革論者の主張である。しかし、そう主張する人たちは、分離した送電線の管理を広域的な全国送電網管理の中立機関という名目で、正に「国家中央政府の管理統制下」に完全になってしまうことを、判っているのだろうか。

それは別の言葉でいえば、自動的に正に「国による電気の配給制度」を作ってくれと政府にお願いしているようなものだ。これこそ、安部政権が創ろうとしている地方自治制度「道州制」の崩壊である。

隠れた敵の中には、私企業すなわち民営ながら、巨大な官僚組織のような電力会社は目障りだ。半世紀以上も変わらない発送電一貫体制を解体し、自由化すれば新電気ビジネスが活性化するではないか、などと主張する者が居る。だが、それこそ国家統制の術中に嵌る浅はかな発想である。本文の中で詳しく具体的に述べるが、発送電を分割分離したところで、低廉で安定豊富な新電気ビジネスなど生まれるはずが無い。分離すれば、その手間分だけコスト高になるだけだ。そうした、電気という商品特性を無視してはならない。

現に、この二十年の間に発送電システムを分離した欧米諸国では、電気料金の値下げどころか、逆に電気料金が高騰して対策に苦しんでいるのが実態である。電圧が突然に低下したり、停電が頻繁に発生したりしている。低廉安定な原子力発電が全体の八〇％というフランスでも、発送電を分離したため逆に複雑化して、電気料金が下がらずに困っているのが実態である。発送電分離を実質的に中止して元に戻したという。

それに官僚的で目障りなら、電力会社にきっぱりと猛省を促すようにすればよいではないか。電力会社も、肝に銘じてこの際そうした意見や批判を、率直に受け反省して、一層、徹底して地域社会に愛される企業風土の改革に努めるべきだ。

なお、「電気」ではなく「エネルギー資源」そのものが三本柱の一つではないかという主張があるだろう。しかし、それは全くおかしい。電気だけではなく、化学品の材料やガソリンなどを作り出す、石油その他のエネルギー資源や鉱物資源に乏しいわが国は、国家の存亡を賭けて世界市場に挑戦する必要がある。それこそ国家政府の重要な責務なのである。もちろん、地方自治政府もしっかりと中央政府の活動を支援するだけでなく、無駄な行動を起さないように監視し、かつ有効な提言を行う必要がある。そうした資源を加工した上で、今や地域住民に無くてはならない電気は、もちろんのこと国家の支配を受けるべきでは無いのである。この区分けを、きちんとする必要がある。

さらに三つ目の食料も、貴重な地方自治の基本資源である。いま国家政府は、農業再生と称して、全国十万箇所も在る分散錯圃の田畑を強制的に国主導で借り上げ、大農業化を一律に志向しているが、こうした中央政府による強権的な全国一律化だけでは決して各地域地方に、それぞれ特色の在る農業再生の自主努力とは、決して結び付かない。欧米だけでなく、世界各地の広大な農業国での調査や企業的農業の成功例は、とても貴重だ。しかし、古来、四季の変化を克服して来たわが国の農業技能を、むしろ活かすという逆転の発想がここにも必要である。

このためには、あくまで農業再生においても「食料資源」という基本を念頭に、各自治州の独自の方策に任せるべきである。それは、地域地方の万物変化を踏まえた「土づくり」の技能が無ければ、農業再生は成り立たないからだ。すなわち、《人財づくり》が基本であり、それこそ企業経営の視点をベースした、地域に密着した地方自治州政府の役割である。

さらに、前述したとおり食料資源の確保は、深く農林業における水資源の活用と結び付いている。その水資源の活用は、既述の通りこれまた地域地方によって全く異なる。よって、長い日本列島のそれぞれの地域社会で、個別に課題を解決していくしか無い。

こうした地方自治州のための施策は、いずれも実に重要な喫緊の課題だ。

だがしかし、それだけでは二十一世紀の日本という国家社会を、全体として守ることは不可能である。地方の時代と言う意味からも明確なように、成熟社会の人々は「国民」でありながら、国家を忘れ個人の集団に変化してしまっている。だからこそ、中央国家政府すなわち政治のリーダーは、地域住民に如何に非難されようとも、敢然として日本人が「国民」としての自覚を持ち、国家体制の堅持を怠らないように、その使命にまい進して貫いたい。

いうまでもなく、防衛・軍事・外交・国家プロジェクト的なエネルギー資源の確保や、さらには陸海空の基幹的なインフラの整備、国家的規範の充実や教育方針の基本的課題の徹底をはじめ、要するに地方自治州では出来ない国家的な役割の推進のためには、逆にそれこそ各自治州がしっかりと協力してヒトモノカネを、国家のために提供しながら、場合によっては協同してその使命達成に尽力する責任と義務がある。

しかし、このように国家政府の役割の重要性を述べた上で、本書が「道州自治政府」設立の目的と必要性の一つが、中央国家の暴走を制御する役割であるという前提を踏まえ、私は、次のように提言したいと思っている。すなわち、二十一世紀のわが国は、中央政府の政治と地方自治州の政治がチェック・アンド・バランスの上に、協調発展していくという、「新たな日本的風土の育成」が必要である。

このことは、どの地域の住民であろうと、国民的な責任と義務において物凄く重要なことだ。だが、この点は本書が今回取り上げる主眼では無いことをお断りしておく。

本書の主眼は、冒頭に述べた通りこの満二年間の民主党政権下では、地域地方の時代という上述したような正しい認識がされずに、「三本柱《水・電気・食料》」に関する選択と施策が疎かになってしまっていたこと。そのために、こうした基本的なことが、如何にいい加減でありかつどのように間違っていたかを具体的に指摘し、同時に正しい地域主権となる自治州の執るべき方向は、どう在るべきかを明示しようとするものである。

是非とも、本書を心有る方々が中庸なご判断でご覧賜り、わが国の正しい政策実現の手段にご利用頂ければ、真に筆者にとり身に余る光栄であると考えている。

二〇一三年六月十四日

永野芳宣

【目次】

第二編　水資源という柱

第五編　アベノミクス成功の秘訣
——原発への熱意と再生エネ買取制度廃止が鍵

終わりに

序編

この本で知って貰いたいことは何か

――うちの上さんとの対話から

【1】早く、間違っていた民主党時代の政策から抜け出せ

最近は拙著に必ず登場する「うちの上さん」に、今度の本のことを話したら、またしても厳しく追及された。

「おかしいわよ、安倍晋三さんはどうして民主党政権が残したマイナス、それも彼らがはっきり失敗したことを、何故庇っているの?」

「庇っているって、どういうこと」と聞くと、直ぐに次のように述べた。

「どうしてって!…あのですね、この前の選挙で原発ゼロ派は全部負けたのよ。原発ゼロなんてナンセンスだ、おかしいと国民はいったのよ。コンクリートからヒトへとか、農家の一律個別補償制度導入とか、出来もしない高速道路無償化とか、それに

家庭用電気料金より二倍も高い、太陽光とか風力発電とかを電力会社に強制的に買い取らせる法律…それも何と二十年間もの固定価格というような、全くいい加減なことをした民主党政権が潰れたんでしょう」

一端言葉を切って、また述べた。

「それなのに安倍さんは、どうしてグズグズと原発の再稼動をしないの。そのため、日本から毎日百億円以上もお金を海に捨てているようだと、言われているじゃーないの。定期検査も、ちゃんと受けて問題は無かったんでしょう。それに、突然民主党の菅直人という首相が指示したストレスイトテストも終わっているそうじゃないですか。全然故障もしていない原発を停めているために、電気料金がどんどん上って、会社が潰れるとみんながいっているのよ。原発以外にも未だ言いたいことがあるけど……」

うちの上さんに言われるまでもなく、とにかく日本人は異常に用心深い人種だということは、昔読んだ歴史と倫理を修めた和辻哲郎が書いた、「風土」という名著の中に在った。彼は、日本人は熱し易く冷め易い人種だと述べている。正に、ぱっと咲いた桜花が、あっという間に散るようだとも書いていた。そして、四季折々に訪れる種々の災害に遭うたびに、身をひっそりと縮め、じっと穴の中に身を伏せて閉じこもり、負け犬のように情けない姿になるというようなことを述べていた。何度も酷い災害に遭う度に、習い性となりトラウマ（精神的外傷）になっていく。それが代々引き継がれて、結局は日本人の異常なほどに用心深い性格と化しているのだろう。

しかし、あまりにもひどいこのトラウマの引き摺り方は、ますます超スピードに変化していく、グローバルな激しい競争の世の中では、全く通用しなくなってきている。むしろ歯を食いしばって、早々にトラウマ状態から脱出する姿を勇気を持って見せるということこそ、《尊敬される日本人》に成り得るのではなかろうか。

うちの上さんが、「こんな本読んだことないでしょう」といって教えてくれたのは、東野圭吾という江戸川乱歩賞を貰ってデビューした気鋭の小説家が書いた「夢幻花」。最後のエピローグに、小説の中身とは全く関係の無いことが出てきたというのである。

ふと三色ボールペンを主人公が机の上から取り上げたが、それが原子力発電所で使用するウラン燃料棒の形をしていたというのである。過って原子力発電所の見学をした時に貰った三色ボールペン、それを見ながら主人公が「結論から言うと続ける」と述べる。相手が「続ける?何を?」という。

「もちろん研究を。俺は一生原発と付き合う」と述べると、「マジか?」「ああ、マジだ」

そして主人公の結論が書いてあった。それをうちの上さんは、言いたかったようだ。

この小説の最後のくだりを、要約していうと次の通りである。

原発を入れた以上、この国は原発から逃げられない。今後も日本が、原発を使用していくなら、安全面を含め、今まで以上に高い技術が必要だ。それを、追求するのが、自分の役割だし宿命だ。万一、日本が原子力から撤退するという場合、そういうのは簡単だが、撤退する方が進めるよりも何倍も難しいと書いていた。何故か、日本の電気の三分の一を賄っている原子力発電所を、全部廃炉にする前に、日本と言う国はそのための莫大な費用で、とっくに潰れてしまう、そのぐらい大変なことだ。そう、この小説家は書いていた。

日本は原子力を、今こそ存分に活用しなければ、世界から置いて行かれる。活用して、世界をリードすべきだということではなかろうか。

【2】今こそ道州制が必要なとき

小説まで、見せられるとは・・・・とにかくこれには参った。うちの上さんの言いたいことは、よく判ったと述べた。すると、さらに追い討ちが来た。

「それに、民主党は遣らなかったけれど、地方の時代だから道州制も早く具体化して地域にもっと役立つ役所にして貰いたいですね」

そういえばこの間から、うちの上さんは新聞を見ながら「道州制って何?役所が増えるの、それとも県庁が無くなって住民税が安くなるってことなの」「それとも中央の政治家が暴走しないように、地方政府がチェックするってこと」などと言っていた。だから、少し勉強したらしい。

「偶に僕たちが旅行に行く、あのフランスやスエーデンのような国、その三分の二ぐらいの広さで、逆にアメリカと比較すれば二十五分の一の小さな日本ですよ。だけど、僕は思うんだけど、よかですか・・・・。人口ときたらフランスの二倍、スエーデンの十倍も居るこの国を統治するのに、これからどうしようかって今政治が迷っているということだよ。特にこの二年間、民主党政権になって、自民党が積極的だった道州制推進をストップしていたからね」

そう述べると、またもや直ぐに反論された。

「そんなことは、判っているわ。もう民主党政権では無いのよ。だから、道州制が加速すると思います。きょうは四月二十九日だけど、新聞見たでしょう。山口県の参議院議員補欠選挙で、自民党の候補者が圧勝して参議院で最大会派だった民主党と同数になったそうよ。夏の選挙で完全に、今までのねじれも無くなりますね」

「早く、アベノミクスが効果を発揮すると良いね」

気楽にそう応じると、またうちの上さんの追い討ちが来た。

「あなた、私が心配していることがちっとも判っていないみたいね」

「というと?……」

うちの上さんは鋭い。コーヒーを飲むのを止めて、真顔で述べ始めた。

「あなたの机を整理していたら、放ったらかしのパンフレットが在ったのよ」

「放ったらかしでは無いよ」というと、それには応えずさらに述べた。

「歌舞伎の見物のことで、お世話になっている博多座の社長、あの芦塚日出美さんが書かれた冊子のことですよ。《九州自治州を目指して》というような難しいものだったけど…それに二三枚めくったら、時々あなたがお会いしているという鎌田迪貞さんや松尾新吾さん、それに経済同友会の石原　進さんとか貫　正義さん、さらに矢田俊文さんというような名前もありましたけど、中味は九州戦略会議などと難し過ぎて読む気になれなかったわ」

それで終わりかと思ったら、ずばり本論になった。

【3】道州制の基盤「水資源・電気・食料」の三本柱が、国家管理になっては意味無し

「私が言いたいのは、九州自治州のようなものを創る目的を、もっとはっきりしてもらいたいということですよ。中央の政府が困っているから、地方のことは自分で面倒を見てくれという話でしょう。だったら、例えば私たちが住んでいる九州のことは、私たちに任せてくれとはっきり言うべきよ。それに地方から見ていると、みんなが困っているからといって、何んでも全て中央で決めてしまうという癖を付けると、国家統制になってしまうのよ。例えばヒットラーのような人物が出てきたら困るでしょう。

だから、そういう特に、基本的なことはね‥‥。それが言いたかったの」

「基本的なことって、何かな」

するど、うちの上さんのオクターブが上がった。

「そこまで、言わせるの‥‥少なくとも三つ在りますよ。第一に電気ですよ。この前あなたが書いた、あの《発送電分離は日本国家の心臓破壊》という内容通りよ。分離して、送電線を全国一律に国家管理にするようなことをさせたら、九州が自治州になったといっても、形だけになるわよ。本の中に書いてあった《三つの段階の第一段階目「全国の送電線を監視管理する新機関」》を直ぐにも作るというのが、一番危ないですよ‥‥地域独占の電力形態を止めさせて、電気の配給制度から自由取引きにしようといいながら、送電線の全国統括機関をつくるというのは、逆に強烈な『電気の配給制度』にするということよ。私たち電気が無いと生きられないのよ。絶対に発送電分離をしてはダメということを忘れないでね」

「三つといったけど、あと二つは？」

うちの上さんは、頷いて続けた。

「先ず、《水》ですよ。この間タイとかベトナムに行ったとき、飲料水になる淡水それも軟水が無くて水が飲めないといっていたでしょう。しかも、中国ではすでに淡水どころか工業用水も不足しているそうじゃないの。日本だけは、飲める水《軟水》が在り、それが地域社会の宝なのよ。これを電気と同じように、国家管理にして貰いたくないですね。早くはっきり管理を自治州に渡して、さらに民営の会社を創ってビジネスチャンスを広げるべきですよ」

「もたもたしていると、中国や近隣の国に狙われますよ・・・もう狙われているという話もあるじゃない」

「最後の三つ目は？」

上さんが、続けて述べた。

「それもいわせるの・・・言うまでも無く《食料》よ。農業と言っても良いかな。ところが、安倍さんもこれからの重要な成長戦略の柱の一つに農業再生ということを掲げていますね。だけどこれも危ないですよ。すでに、中央政府すなわち国が、虫食い状態の農地の耕作放棄土地を借り上げて、企業などの生産法人に貸し付けるといっていますね。そうしたことを、国に任せてはダメですよ」

確かに政府の協力は要るが、全国一律の志向はよく無い。地域地方によって、いろいろ工夫が施されないと、またもや中央官庁の言いなりになりかねない。地方自治州を創っても、この遣り方では結局は中央の出先機関的存在にしかならないだろう。うちの上さんの目の付け所は凄いと思った。

「要するに、九州なら九州の実態を踏まえて正に《自治州》の名に相応しい道州制にして貰いたい。そのためには、地域社会に直接に結び付いた、あらゆる活動の基本的なカギになる少なくとも三つのこと、すなわち《三本柱》は国家の管理支配にならないように用心しろということだね」

そう締めくくると、うちの上さんが大きく頷き、最後ににこやかに口を開いて述べた。

「そういうことをしっかり書いてね。安倍さんは、国の遣るべきことは国民を安心させるように、国防と外交、資源エネルギーの調達確保や国土保全、それにＴＰＰをはじめ成長戦略の推進をしっかり遣るといっていますよ。そういう、地方政府では遣れないことを真剣に実行して貰いたいですね。教育もそして重要な憲法改正も、お願いしたいですね」

この本の主旨は以上の通りであり、道州制の実施に当たっては少なくとも上述した三本の柱に当たる《水資源・電気・食料》については、中央国家の支配が及べば自治州政府の体力が育たないことに発展し、地方政治は成り立たなくなる。それは、地方の自主的統治が意味を成さないことに繋がり、結局は日本国を支える体力を失い、国家の崩壊になるということである。

「しかーし、地方自治州には、中央政府のむしろ監視機関の役割を持ってもらい、危いことを言い出したら、『それはダメ』と反論して抑える義務を持たせる。逆に国家に対する地方自治を通しての責任というように言ってもよい。だから自分たちのことだけをやっていれば良いわけじゃない」

「もちろん、そのとおりよ」

【4】本書各編の紹介

以下この本の各編の内容に付いて、簡単に述べておく。読者の皆さんは、何処からお読みになってもご理解いただけると思うが、出来れば通してお読み頂ければ、歴史を踏まえた全体のご理解が頂けるのではないかと考える。

「道州制」とは、あくまで国家統治の一手段である。

そうした理解の上で、先ず第一編「何故道州制が急がれるのか―（国民国家日本の存亡の危機を脱する手段）」では、日本の歴史が創られて以来の、国家統治の大まかな変遷を俯瞰して見た。統治し統治されるのは、国土とあくまでそこに住む住民であるから、生きるための資源を確保することが、統治手法すなわちリーダーたちの政治行動の基本となっていることを整理している。

そこには、日本の場合、間違いなくかつての幕藩体制に見られるように地方の政府である藩が、中央の動きをチェックするという機能が在った。さらに、間違いなく基本資源としての「水と食料とエネルギー源（そして歴史の途中から電気）」を確保する手段が、地方政治の責任とされていた。そうした二本立ての政治のバランスが重要な国家統治方法であることが良く判るように説明した積もりである。

そして、高度成長時代を経て今日では、地域地方に密着した基本的な生活手段に結び付くもの、すなわち「水資源・電気・食料資源」は地方自治州の自主的政策運営に、任せるべきだということを書いた。そうしなければ、真の地方自治州は成り立たない。

第二編は、「水資源という柱―(宝の水資源の自治州による民営化が鍵)」では、日本と言う国土そのものでもある「河川の保全」と「水資源の活用」とは、完全に切り離すという価値観の転換が必要であることを述べている。

河川法や水資源開発促進法さらには治山治水緊急措置法等が、正に何十年も前のわが国の高度成長期を支える基本制度として策定されたものが、今でもそのままの思想で、その運用を引き摺っていること。このために、「河川の保全」と「水資源の活用」が、制度的にも区分されていない。中央集権的姿が、今でも都道府県の行政の中に色濃く残っている。民主党政権が行政経費の削減を求めて厳しく仕分け作業をしたはずだったが、特殊法人水資源開発公団や総合技術センターの牙城は、全く崩せなかった。そこには、わが国の「水資源」を貴重な国家と地域社会の宝のような財産価値を認め、ビジネスの対象となるものとして活用しようと言う観点が、殆ど欠けていたからである。

うちの上さんがいうように、ペットボトルの水が商品である時代に、水道事業だけが何故何時までも全く競争の無い、独占的な公営事業でなければならないのだろうか。「治水対策」「利水対策」「環境対策」の時代を経て、さらに、もはや、水に対する国家独占主義的な政治を攻め、地方自治州のための「活水対策」が必要な時代になっていることを取り上げる。

アベノミクスの第三の矢、産業再生の有力な手段に結び付くはずの「水ビジネス」のための、価値観の転換と運営組織機構の民営化・民間委託を、地方自治州推進の柱の一つにすべきだということを述べている。

第三編は「電気資源という柱」である。その副題にも著したように、今や電気は水資源や食資源と同じく、「電気資源」と言っても良いくらいに、地域社会と産業と住民の生活にそのまま結び付いている。その意味で電気事業は、公共事業である。その電気は、水や食料とは全く違って目にも見えず、したがって棚に並べて売ることなどは不可能な、生産と消費が同時に行われる→このため需給量一致が常に求められ、過不足が生じないように計画し運用していかなければならない。だが電気は、毎秒三十万ｋｍの速さで移動する生きたエネルギーだから、あくまで発電（生産）と送電

（輸送）と配電（販売）とを、一貫して責任を持って事業を行うことで、安定安心の利用が出来るのである。正に、公益事業としての使命を果たすことが、発送電一貫体制の姿にかかっているといえる。

広い地域に散在して見掛けるためか、発電所と送電線と変電所や配電線を、別々に分離して運営管理する会社を作り、競争させれば自由な取引が発生し事業が活性化して、市場競争により新規のビジネスが生まれるから、発送電分離は必要だという学者や専門家が居る。

うちの上さんに言わせれば、「電気という商品はひとつしか無い生きたエネルギーだから、商品を見比べたり出来ない。商品価値は如何に安く安心して何時でも使えるようにするかということで決まる。だから、同じ会社で今まで通りにして貰えばよいのよ。発送電を分離したら、電気料金が下がるの？ より安定的に電気が使えるの？」「そんなことは期待で出来ないというなら、発送電分離って何のために行うの」ということになる。

発送電分離の目的が、正にそうした消費者のためではなく、全く別の目的のため。すなわち、原子力発電の代替として、積極導入を始めた「再生可能エネルギーが発電する電気の固定価格買取制度」を維持発展させ現に使っている電気代の二倍もするものを、中央政府が強制的に配給するためだということを、このさいはっきりと指摘しておく必要が在る。

すなわち、発送電を分離するという目的が、これからの地域社会の自治的動きを可能にするための道州制の確立には、全く不適合であり、かつ不都合なものだということを述べている。

このように纏めれば、うちの上さんも多分満足するだろう。

第四編は、「食料資源という柱」であり、「六次化のための自治州独自のヒト創りが鍵」という副題を掲げている。安倍政権は漸く業を煮やして、日本の国土の約一%、それは埼玉県の面積と同じ三千七百平方キロメートル（四万ヘクタール）にも及ぶようになっている「耕作放棄農地」を国が借り上げて、大規模化し農業生産法人に貸付け、兎に角農業の再生を図ろうというような、積極策を執る方向である。同時に、教育委員会の改革と同じく、農業委員会の改革もより突っ込んで行うという方針を打ち出した。

もちろん、農業再生のためのマイナスでは無い。だが、こうした改革を基にITを導入して形を作っても、それを動かす人財が居るかどうかが問われる。しかも、耕作放棄地の面積は埼玉県と同じ大きさだが、放棄はしていないが不耕作の農地も同じぐらいあるという。それを合計すると全国で概ね十万箇所の分散錯圃地があるということになる。これだけ複雑大量の農地を、一挙に大規模化するなど困難であり、正に財政の無駄使いに繋がりかねない。

こうした無駄を生じるようなことをしないように、しっかりとチェックしたり、意見を述べたりする責任と義務が地方自治政府の重要な役割として在るといえる。

やはり食料資源すなわち農業の再生についても、国が全国一律に六次産業化と称して進めるのではなく、それこそ地域密着の必需品は自治州政府が主導するかたちでなければ、決して長続きしない。特に食料とか農業とかの人財つくりが、全てを制することを書いている。

うちの上さんからは、「当然よ、地方の地場産業に農業を数えないのは可笑しいと思うけど…兎に角農業の第一歩は《土づくり》なのよ。そうした土づくりが出来る人財は、地元で懸命に育てる工夫が要りますね」という注文が付いた。当然そうしたことを、判り易く展開してある。

第五編として、「アベノミクス成功の秘訣」と題した一編を敢えて取り入れてある。副題には「原発への熱意と再生エネ買取制度の廃止が鍵」とのべたように、日本経済の最大の足枷が今やエネルギー特に、既に国民生活とわが国産業が使うエネルギー消費の三割にも達している「電気資源」を、出来るだけコストが低廉且つ安定的な材料で生産し提供することに心掛けなければ、立ち行かなくなりつつあること。そのことを、明確に認識する必要があるとここでは述べている。

要するに、生産コストが低廉でなければ、国内資源の無いわが国が海外諸国に太刀打ちできるはずが無い。燃料費だけで言えばｋｗｈ当たり1円（発電コストで8円）の原子力からの電気を出来るだけ早く、そして当面は何としても思い切って《大量に再稼動》するという、勇断に踏み切ってもらいたい。

一方、最も高コストの再生可能エネルギーの、ｋｗｈ当たり42円（今年度は38円）の太陽光発電とか、同じく52円もする風力発電からの電気を、電力会社に強制的に買い取らせる現行の一種の配給制度を、早々に廃止ないし縮小すべきではないかと考える。

　もちろん、民主主義の欠陥を補完するため、欧米共に国家権力の暴走を抑える手段として、欧州では「ＥＵ委員会」を創設して活用し、米国では議会制度の一層の充実に努めている。この点は、先ずＥＵ委員会については、慶応義塾大学の嘉治佐保子教授から、そして米国の政治制度については、特に政治学者でもある蒲島郁夫・熊本県知事から、しっかりと教えて頂いた。

　ところが、わが国では、こうした欧米のような制度手段は無理である。したがって、そのためにこそ、地方政治の中心となる道州制が必要であることを付記しておく。わが国では、道州制こそが、唯一中央の政治と政府の暴走を抑える手段となり得る。

　以上のような提言を行っているが、少なくとも早々に道州制を導入して新たな本格的平成維新を達成して貰いたいと思う。

第一編

なぜ、いま道州制が急がれるのか
——国民国家存亡の危機を脱する手段

【1】重要な道州制の歴史
——日本国家の成立以前からの原型

歴史的な経緯を辿ることは、何事においても重要である。道州制も結局は、国家と地域地方の組織的な統治すなわち、政治行動に結び付くことだ。

考えるまでも無く、どこの国にも古来からの厳然とした歴史が在る。人間社会のどんな勝れたリーダーも、自らの判断や行動の規範すなわち参考書を歴史に求めている。そうした歴史という過去を引き摺りながら、国家のリーダーたちは、内外の状況変化に合わせて政治制度を改革していく。もちろん政治家たちは、常に国民の世論を気にする。しかし、歴史から学んだ正しい政治判断の上での政策と行動なら、必ず世論の支持が得られるはずだ。

だからうちの上さんにも、そうした歴史にはかなり詳しいので、興味があるようだ。取り上げてくれと言ったが、何だか試されているようだと述べたら、「自信が無いから、そんなことを言うの」と皮肉られた。その上でもちろん、「判り易く書いてよ」という注文が付いた。

うちの上さんは、関東出身だから関係無いが、私が住んでいる福岡地方の人たちの中には、今でも日本という国の始まりは九州だったと考え、そう主張する人たちが多い。九州に、《やまと王国》が在ったというのである。

町村合併が進んで今では無くなったが、確かに福岡県には最近まで「やまと（山門）郡やまと（山門）村」という地名が、歴史的事実として存在していた。それに、今でも県立山門（やまと）高校は名門高校である。

うちの上さんとその話をしていたら、「ねーあなた、何時だったか言わなかった？日銀にいらしていた方、山門高校出身ではなかったかしら」

正に、上さんが言うとおりだ。ごく最近まで、今話題の日銀政策諮問委員会委員の一人として活躍していた亀崎英敏さんは、この高校の出身だ。今はＡＰＥＣ（アジア太平洋経済協力会議）の民間代表の一人として活躍中だ。ところが、彼のライフワークが、真に熱心な福岡が「やまと」統一国家だったということの原点追求である。兎に角、大変な論客の一人である。凄く沢山の資料も、収集しているようだ。

それに、うちの上さんは何と言っても日本の歴史に詳しい。

彼女の話によると、約一三〇〇年前すなわち西暦八世紀頃、「日本」という国の称号がようやく生み出されて、天皇制が誕生したそうだ。するとそこには、その頃今の道州制といわれるものに当たる地域地方の自治政府の原型が、出来上がったのではないかと私は考えてみた。

したがって逆に言えば、神代の時代からずっとそれまでの間、この日本列島は、正に上述の九州の「やまと（山門）のような豪族」が、各地域地方を支配するだけだったのではないか。

だが日本列島は、誰かが統一し支配しなければ、政治は安定しない。しかも、千三百年前に天皇が日本列島を統一し日本という国を建てたとしても、この当時南北一千キロ以上に及ぶ細長い国土を、天皇家が直接監視することはとても不可能であったろう。

結局は、地方地域の豪族たちに、それぞれ領土領地を与えたと思われる。そのかたちは、一種の委任統治であろう。委任された地域地方は、今で言う自治州のかたちのように、その地域地方を治める責任を持つリーダーが、主体的に統治し管理運営をしたと思われる。国家の関与は殆ど無かったであろう。すなわち、彼らの自治州と言う領土は、安泰されていた。

むしろ、全国を統一した天皇家の代理人である将軍は、地方地域の政治行政を委任した豪族たちの考え方や意見を十二分に吸い上げて国家の行政を司ったのであろう。よって、将軍が暴走したりすると、天皇は豪族たちの意見を入れて将軍家を取り替えたりした。

こうした解釈が妥当とすれば、わが国においては、西暦七百年ごろに誕生したといわれる「日本国家と天皇制」の確立以前から、地方自治は元々は国家から与えられたものではなく、地域地方の固有の存在であったと考えられる。

ところが、戦後の憲法（日本国憲法）は、地方自治制度について極めて曖昧な規定を創ってしまっている。すなわち、憲法第九十二条に「地方公共団体の組織及び運営に関する事項は、地方自治の本旨に基づいて、法律でこれを定める」と書いてある。

これは、《地方自治の本旨》とは、一体何かという解釈にも因るが、二つの解釈が可能になってくる。

一つは、国家の憲法が規定しているから、あくまで「国から与えられている」という解釈である。《伝来説と呼ばれる》（注1）

二つには、「地方自治の本旨」とわざわざ述べているのは、地域社会の自治（住民自治と地方団体の組織自治）は国家から与えられたものではなく、地方主権的なものという解釈である。《固有権説と呼ばれる》（注2）

何故わざわざこんな話を持ち出したかといえば、最近の地方の時代といわれる中で問われている「道州制」という地方自治州制度は、わが国の本来の歴史から見て、元々は天皇制度すなわち国家が誕生し成立してから、天皇により委任統治権を与えられる以前に存在していたと、解釈できるように思ったからである。これは、今後の道州制を具体化する場合に、かなり重要なことのように思える。

要するに、成熟国家日本のこれからの政治は、資本主義と民主主義の欠陥を補完するため、独自の「体制コントロール」の手段を考える必要が在るからだ。

よって道州制は、そうした体制コントロールのための意義付けが、歴史的な判断からの論理として成り立つのである。この問題は、これからの道州制の議論において、「国家中央政府の持つ政治が、地方行政権について分権されている」と考えるか、「元々政治が中央と地方に分権されている」と考えるかの違いになってくる。世界の憲法から見ると後者は、連邦制に近い考え方である。（注3）

以下は、その具体的な歴史的な事実である。

（注1）、（注2）、（注3）はいずれも宇賀克也著「地方自治法概説」（有斐閣）34頁以下の「道州制」を参考にした。

【2】領土（道州）安泰の対価
――重要な贈与・年貢義務の意味

ここで私が主張しようとしていることは、わが国の長い歴史と文化や仕来りから見れば、各地域の領土すなわちここで取り上げられている《道州》が、自主的に自治を任され、かつ中央政府の動きをチェックするという、正に機能的にも主体制を持つことになるのであるから、「その必要な財政は各道州の経済社会活動によってもたらされる」のものだということ。すなわち、道州制においては、歴史的にも自主財源で行うべきことが明白だし、それは同時に地域密着の基本資源（水・電気・食料）を、道州が治めなければ成り立たないということにつながる話である。

さて、うちの上さんが次のような話をして呉れた。

「室町足利時代といわれるのが、日本の中世時代だけど、この時代に今の年賀状の習慣とか、サラリーマンのボーナス制度の原型が生まれたそうね」

これは、最近彼女が「贈与の歴史学」という本を読んだからだというのである。

さらに、付け加えて説明してくれた。それは次のような内容だ。

わが国において、このような長い日本列島の全国統治の仕方が完成したのは、いわゆる中世の足利室町時代といわれる。要するに八百年ぐらい前のことであろう。その頃、わが国で《贈与》という概念が出てきたというのである。

私は、つい最近企業などからの地域社会活動等への「寄付」が、何か全て悪い事のような風潮が増え過ぎていると思っている。しかし、こうした風潮はおかしいと考えて、贈与や寄付ということの由来をきちんと調べてみようと思って、うちの上さんに話したら、早速助言して呉れたというわけだ。

彼女の話を結論付けると、むしろ古代から発した贈与とか寄付とかの行為は、組織の中での主従関係に伴う、正当な権利義務の手段であるという説明がして在ったと言うのだ。

そのことをここで引用すれば、室町時代に天皇が将軍を介して地域地方の豪族的支配者に、その領地の委任統治（地方自治）を授けること、その権利のかたちとして「贈与」が成されたというのである。

すなわち、委任者の天皇の名代としての将軍の側が、先ず例えば《白馬一頭》というように贈与を行った。

↓これを贈り物を与える「提供の義務」というそうである。

↓一方領地領土を安泰された豪族側は、その贈り物を受け取らねば成らない、「受容の義務」があった。

一方、贈り物を受け取った豪族側は、早速今度はどうしたか。それは、贈与して呉れた将軍に対しての「返礼の義務」として、相当なものをお返しする。

お返しの額は、当初は同等程度の品物、例えば食料品だったが、時代が進むに従って、貢納品的なものとなる。さらにそれが、租税化していく。

↓領地領土を安堵された豪族は、今度は自ら部下たちに贈り物をする。これが、給与そしてボーナスの始まりだという。また、部下たちは、領主にお返しをする。これが、お歳暮や年賀の始まりだと、うちの上さんが教えてくれた。

↓それと同時に、もう一つ重要なことは、神々に対する「寄進の義務」を果たすということが、挙げられている。上は天皇家から下は一般庶民まで、神社仏閣に対し、「寄進の義務」を果たすことで、安泰を願ったということである。今日においても、その習慣は日本人の各種の行事に連綿と引き継がれている。

もちろん時代と共に具体的な方法は変化していくが、「租税」の義務と「給与支払いの義務」は、地域のリーダーたちの重要な役割だった。このためには、どうしても財源が必要となる。地方自治の統治者（最後は藩主）は、地域支配地の住民の安泰と同時に、地域内の産業や文化の興隆を図らなければならなかった。したがって、江戸時代までは正に地方の領主（藩主）が、それぞれに領地を分割して部下（藩士）に与え、農業の発展と同時に産業や商業の振興を図らせ、その対価として領民にそれぞれの役割に応じた貢納金や年貢を納めさせた。

こう見てくると、当然のことながら領主（現代の表現では正に道州の首長）は領内

（道州）の基本資源《水・電気・食料》を、自主的に運用しながら、地方地域の成長発展と財源の確保を図っていくべきだということになる。

今までのように、中央政府のコントロールの枠内で、これからの地方の時代の道州制が成り立つとは、到底考えられない。

【3】中央集権化した明治維新と道州制

ところで、明治以降の近代国家になってからは、「道州制」の考え方が変わってくる。すなわちそれは、伊藤博文をはじめとする当時のリーダーたちが、研究に研究を重ねた結果、最も保守的といわれるドイツ、プロシャの憲法を範として、一八八九年に大日本国憲法（明治憲法）が制定されたからである。

この憲法では、正に日本人は日本国における「天皇の臣民」と定められた。したがって、天皇という主権者が国体そのものであり、全てがそこから発せられるとした。（明治憲法第四条）要するに、天皇を中心とした政治に貢献するという法制度になっていった。このため、地方自治も国体に貢献するのみであり、地方主権と言う考え方は存在しなかった。もちろん、歯止めの無い制度だから、うっかりすると中央国家主権の暴走を招く。もちろん、臣民である国民がそれを止めることは、不可能である。

この明治のリーダーたちが取った国家体制と政治の方策は、わが国が急速に近代化し、アジアで唯一欧米諸国に並ぶ近代国家に経済的にも文化社会の面でも、肩を並べるまでに成長していくためには、間違った施策であったとはいえない。

しかしながら、そうしたことを認めながらも、わが国の長い間の歴史的状況を踏まえて俯瞰して見ると、この明治憲法はとても異常であるといえる。少なくとも、日本人は「臣民」ではなく「国民」として扱われ、かつ地方の行政においては、地方住民のための行政自治が地方地域の行政府に与えられても良かったからだ。それが無かったら、わが国古来よりの伝統から見ると、やはり異常である。

しかしとにかく、現実問題としては、「地方自治」という定義から考えると、明治憲法下の五十七年間は、わが国においては主体的な地方自治の空白の時代であったと考えられる。

【4】戦後に生まれた道州制の経緯

(1)「やまとの国」創りとの結び付き

このように見てくると、地方自治の考え方が復活したのも、また道州制と言う考え方が出てきたのも、正に戦後においてである。

だが、前述した通り明治憲法時代の五十七年間が異常であって、むしろ明治維新までの一千年以上に亘る日本の歴史を見る限り、道州制の根拠は「やまとの国」創りの原点に繋げてみる必要が在ると思えてくる。

うちの上さんにその話をしたところ、俄然次のようにきっぱりといわれた。

「その通りよ。明治時代の貴重な体験も重要よ、天皇制は日本人にとっては無くてはならないの。だけど、《やまとの国》は元々在ったんですから。地方のことは、いちいち永田町や霞ヶ関から指示されたくないですね。そして、むしろはっきり永田町に間違っていたら文句がいえる風土に塗り変える必要が在りますね」

あっけに取られて、「うん……」といったままぽかんとしていると、今度は「あなた、一体芦塚さんたちはとても熱心だけど、一体何時から、またどうして道州制の話が出て来たの?」と質問された。

同時に判り易く教えてよというので、そこで以下のような話をした。

(2) 高度成長期に出てきた道州制論

元々現在の憲法は、言ってみれば占領下に作らされたというのが、正直なところであるから、一九四六年(昭和二十一年)に日本国憲法が成立して暫く経つと、学者や専門家さらには政治行政の各面から、いろいろな意見が出てきた。

その中に道州制も出て来る。それは、主として以下のようなことである。

①〔憲法と地方自治法との矛盾解消論〕

その中の一つに、先ず出て来たが、わが国の基礎ないし基本自治体が、この憲法に基づき制定された「地方自治法」で、都道府県と市町村の二層制度になっているのはおかしい。要するに、都道府県を廃止して、もっと大きな枠組み、すなわち道州制にしてはどうかという意見である。

これは、この頃からわが国の産業界に、グローバル化に伴う経営の近代化すなわち、効率的な経営資源行使の重要性が叫ばれたことと連動している。

問題は、この折の道州制の提案が、地方自治と地方の時代を踏まえたものではなく、飽くまで国家中央行政を効率的に行うための手段として、提唱されたものであった点である。

やがてバブル時代が終焉に近づき、地方の時代の要請が強くなるに従って、この中央集権的な道州制必要論は、次第に立ち消えになった。

②〔高度成長のために道州制必要論〕

立ち消えになった内容だが、参考までにポイントを整理しておきたい。

すなわち、一九五〇年代初頭、高度成長のための国家的プロジェクトを執行し易くするためには、府県別の体制を廃止し、全国を数ブロックに分けて組織にすべしという提案が全国総合開発計画策定の一貫として提言された。

先ほどから述べるように、いずれも国家中心の道州制議論であり、地方行政を主体的に考えたものでは無い。また、道州のトップは公選ではなく国家機関が任命するという提案もあった。

こうした動きに即応して、関西経済連合会などから一九五五年には、各省庁の出先機関を統合して道州府を設け、府県制度を廃止する案が提言されている。その内容は、一九五七年の第四次地方制度調査会の答申にも述べられており、この時代はむしろ国家が主導して、地域経済と地域社会を引っ張っていって貰いたいと」いうのが本音だった。同時に、民間の意見としては府県知事は、戦前同様に国からの任命制で行うべきだとの意見が強かった。

しかし、その後地方自治体のトップの公選制が定着したことのあり、一九七〇年ごろにはそうした意見は出なくなっていった。

（3）最近の動き〔バブル崩壊後頃からの道州制の提案〕

前述したように、わが国の経済社会がすでに高度成長を脱して、安定成長期に差し掛かるのと期を同じくして、従来型の国家の出先機関としてではなく、あくまで地方自治体の組織制度として、府県制度に代えてより大きな行政組織にし、効果的且つ効率的な自治州制度を導入すべしという意見が出てくるようになった。しかし、こうした地方自治州必要論ではあるが、その機能の一つとして、中央政府をコントロールする役割を持つというようなことは、全く前提とされていない。

バブル崩壊直後、すでに中央省庁は国家の役割を限定して、出来るだけ地方公共団体にその役割を配分しようとし始めた。二〇〇〇年四月施行の地方分権一括法で、この時国から地方へ五六一件の機関事務委託を行っている。

その上で例えば、二〇〇三年の地方制度調査会答申は、次のように述べた。

「道州制は、基礎自治体を包括する広域自治体であり（中略）、道州と議会の議員は公選する」

さらに進んだのが、小泉政権下二〇〇六年五月の「道州制特区推進法」の制定である。その内容は、同年二月の地方制度調査会の答申「国の役割を重点化して、内政は広く地方公共団体が担う新しい国のかたちとして、道州制の導入が適当である」との提言を基にしたものである。

具体的には、将来の道州制の検討に資するため、北海道またはこれに準ずる特定広域団体（3つ以上の都道府県の合併）からの提案を踏まえ、国からの事務・事業の移譲を進める、というものであった。

【5】安倍第一次内閣の道州制ビジョン懇談会提言
——「水・電気・食」は道州制の広域行政権

次いで、同年六月第一次安倍内閣の下で、道州制ビジョン懇談会が発足、渡辺喜美（現みんなの党党首）を担当大臣として、「道州制ビジョン懇談会（江口克彦委員長＝PHP研究所所長、現みんなの党議員）がスタート。鋭意約一年半の間に三十二回に亘る会議を開き、各地方の専門家や経済団体などの意見も取り入れ、二〇〇八年三月には、増田寛也総務大臣（当時）に提言書を提出している。

その内容は、実に先進的かつ地域自治州の主体的行政の進め方が、相当にきめ細かく提言されており、後は政権トップのリーダーシップの発揮を待つばかりまで進んでいた。

うちの上さんが関心を示しそうな、提言内容を拾って項目で示すと概ね次の通りである。

※現状認識→中央集権・東京一極集中で地方衰退。地方を甦らせないと日本が沈没する。

※理念・目的→中央集権国家から分権国家へ。地方が生活・経済振興に主権的に権限を持つ統治体制。日本全体の活性化と効率行政など。
また今後道州が主体的に国造りを行うという考え方から、連邦制では無いが、連邦に近い「地域主権の自治州制度」を目指す。
（注）1 但し、私が主張するような中央政府行政に対するチェック機能のようなことは、一切念頭に無かった。
※制度設計→国家権限は固有の役割に限定。国民主権に関する行政は、道州と基礎自治体が担う。基礎自治体と道州の規模適正化。
※役割分担→「国の権限」は、外交・通商・防衛・国家エネルギー資源戦略・国家基盤整備・統一選挙などに限定。
「道州の権限」は、広域行政（河川、道路、空港等社会インフラ、産業経済政策等）・規格基準設定・財政格差調整を行う。

「基礎自治体」は、国、道州以外の地域密着のあらゆる行政サービスを行う。
※立法権→道州制に関する基本法で定める以外の主体的な立法権は、道州が保有し、

その立法は道州議会で行う。

※税財政制度→国家行政執行のための税制、財政制度と道州・基礎自治体の同様制度の確立を明確にする。道州と基礎自治体は、税目と税率を自主的に決定し、財源を確保できるようにする。

※道州の区割り→地勢・風土・歴史・文化を勘案して決定。道州行政庁の所在地や基礎自治体範囲についても、主体的に決定。

〔参考事項〕

なお、九州地域においては、最も早く上述のビジョン懇談会に並行して、独自の戦略会議を、知事会と経済諸団体が合同で作り、概ね同様な具体策をまとめている。うちの上さんに以上の内容を話したら、「判ったけど、もっと判り易く纏めたものを作ったほうが良いのでは」といわれた。

そこで、第1図から第5図までおよび第1表は、早速先ほどの芦塚日出美氏に手伝ってもらって、纏めたものである。

この図で判るとおり、ここまで纏められてきたわが国の道州制が目指すものは、地域主権に基づくむしろ連邦制に近い「自治州制度」であり、広域行政権はすべて国から道州に移譲される。従って、うちの上さんが言うとおり、地域地方に密着した水資源、電気資源、それに食料資源の管理運営は、全て道州の自治に任されることに、ならなければならない。

ただし、先ほど（注）1の中でも述べたが、欧州の場合、ＥＵという主権国家（現在二十七か国）を統括する「ＥＵ委員会」が、各国の国家予算の内容までチェックするというコントロール機能と同じような制度を生み出すことは、アジアにおいては殆んど期待出来ない。

よって、わが国では、今のところ中央政府の政治行政の暴走は、憲法上の三権分立により立法府の議会と司法による裁判制度でチェック機能を果すしかない。しかし、裁判制度では、時間が掛かりすぎる。一方議員内閣制の議会では、むしろ議会と行政が同調して暴走しかねない。

よって、わが国ではここで述べる「道州制」による地方自治政府からのチェックとコントロールしか無いのである。しかしながら、一番進んでいるといわれる九州地域の道州制案を提示している九州地域戦略会議の内容においても、図や表をご覧いただくと判るように、こうした中央国家のコントロール機能については、今のところ触れていない。是非、これからの取りまとめの中で、重要な道州自治の役割としてこれを示していただくように提言しておきたい。

第１図　道州制をめぐるこれまでの動き

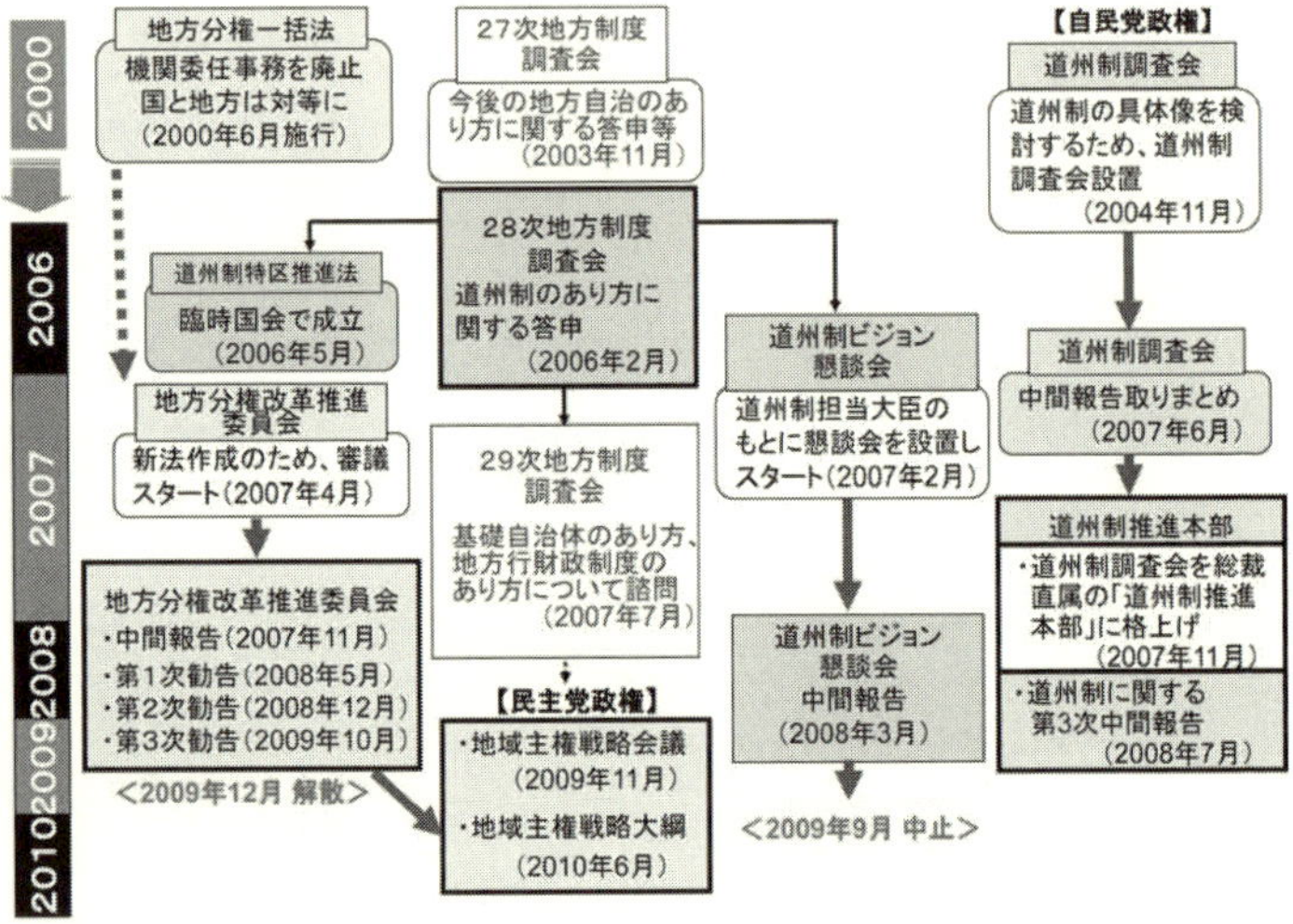

2000
2006
2007
2008
2009
2010
地方分権一括法
機関委任事務を廃止
国と地方は対等に
（2000年6月施行）
27次地方制度調査会
今後の地方自治のあり方に関する答申等
（2003年11月）
【自民党政権】
道州制調査会
道州制の具体像を検討するため、道州制調査会設置
（2004年11月）
28次地方制度調査会
道州制のあり方に関する答申
（2006年2月）
道州制特区推進法
臨時国会で成立
（2006年5月）
道州制ビジョン懇談会
道州制担当大臣のもとに懇談会を設置しスタート（2007年2月）
道州制調査会
中間報告取りまとめ
（2007年6月）
地方分権改革推進委員会
新法作成のため、審議スタート（2007年4月）
29次地方制度調査会
基礎自治体のあり方、地方行財政制度のあり方について諮問
（2007年7月）
道州制推進本部
・道州制調査会を総裁直属の「道州制推進本部」に格上げ
（2007年11月）
・道州制に関する第3次中間報告
（2008年7月）
地方分権改革推進委員会
・中間報告（2007年11月）
・第1次勧告（2008年5月）
・第2次勧告（2008年12月）
・第3次勧告（2009年10月）
<2009年12月 解散>
道州制ビジョン懇談会
中間報告
（2008年3月）
<2009年9月 中止>
【民主党政権】
・地域主権戦略会議
（2009年11月）
・地域主権戦略大綱
（2010年6月）

（資料）芦塚日出美著「東アジアの拠点として輝く九州自治州を目指して」
（発行）九州経済同友会

第２図　自民党道州制推進本部第３次中間報告骨子
(2008年7月)

(1)自民党道州制推進本部第3次中間報告骨子 (2008年7月)

○主なデメリットと必要な対策
◆道州政府は住民から遠くなる
　→　基礎自治体中心の住民サービス体制により、住民ニーズに的確に対応
◆道州内の一極集中、地域間格差が生じるおそれ
　→　道州内の機能分担、地域間バランスを考慮して州都のあり方等を検討
◆国家としての統一性が失われ、国力が弱まるおそれ
　→　国家の役割が重点化され、むしろ国力が強化

○道州制の骨格　**限りなく連邦制に近い道州制**

◆基礎自治体と道州に、**権限・財源・人間**をパッケージで移す。
・都道府県を廃止し、全国に１０程度の道・州を設置。
・国が法律で定める事項は大枠かつ最小限に。具体的事項は道州法又は基礎自治体の自治立法に。
・道州は自治体とし、選挙で選ばれる道州議会と首長を有し、自治権を有する。
・権限・財源・人間は基礎自治体に優先的に配分。
・現在の都道府県の仕事は基礎自治体に、国の仕事は道州に移管し、国と道州は「小さな政府」とする。

(資料)第１図と同じ

第３図　九州における道州制をめぐるこれまでの動き

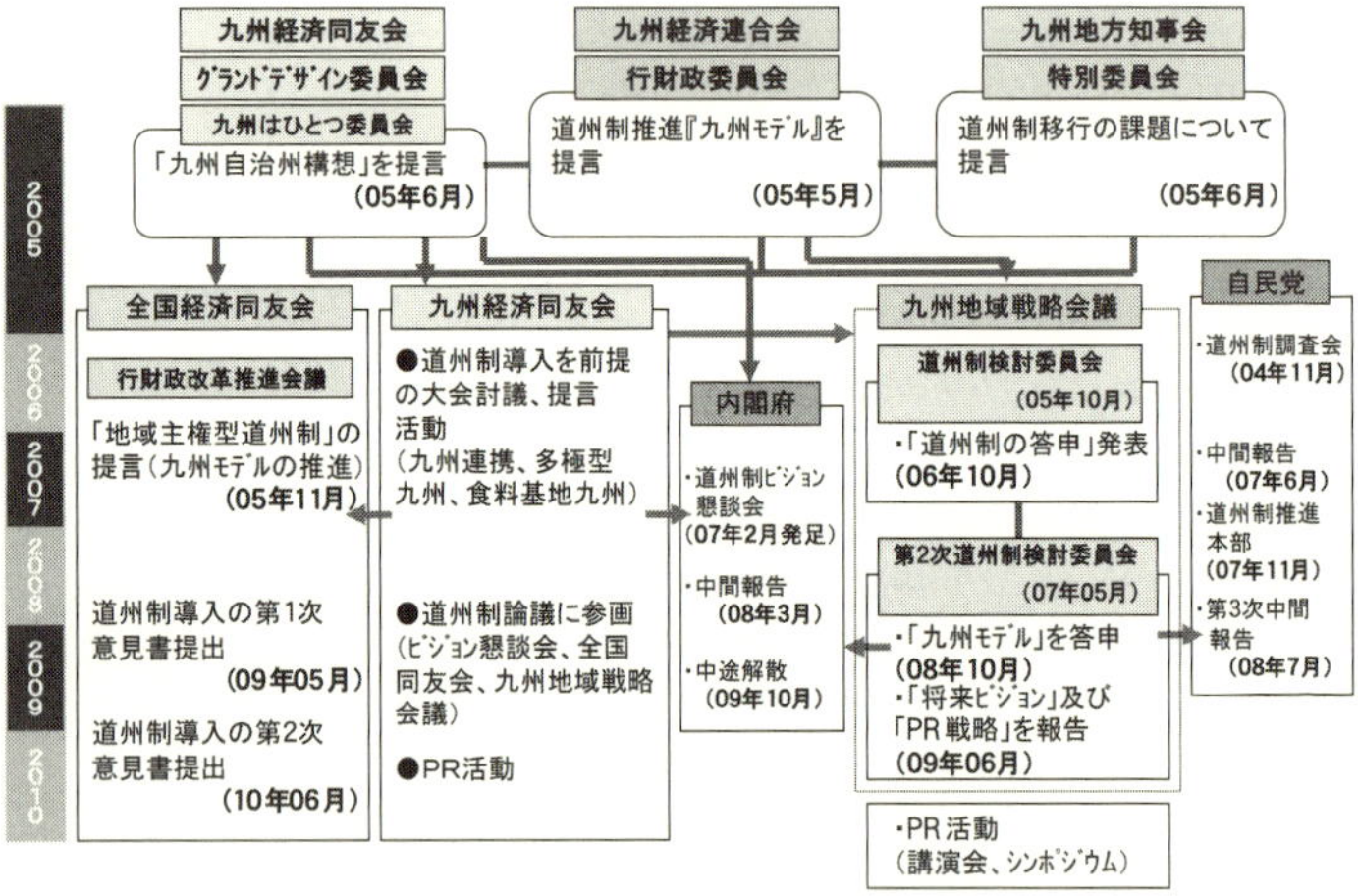

九州経済同友会
ｸﾞﾗﾝﾄﾞﾃﾞｻﾞｲﾝ委員会
九州はひとつ委員会
「九州自治州構想」を提言 (05年6月)
九州経済連合会
行財政委員会
道州制推進『九州ﾓﾃﾞﾙ』を提言 (05年5月)
九州地方知事会
特別委員会
道州制移行の課題について提言 (05年6月)
2005
2006
2007
2008
2009
2010
全国経済同友会
行財政改革推進会議
「地域主権型道州制」の提言（九州ﾓﾃﾞﾙの推進）(05年11月)
道州制導入の第1次意見書提出 (09年05月)
道州制導入の第2次意見書提出 (10年06月)
九州経済同友会
●道州制導入を前提の大会討議、提言活動（九州連携、多極型九州、食料基地九州）
●道州制論議に参画（ﾋﾞｼﾞｮﾝ懇談会、全国同友会、九州地域戦略会議）
●PR活動
内閣府
・道州制ﾋﾞｼﾞｮﾝ懇談会 (07年2月発足)
・中間報告 (08年3月)
・中途解散 (09年10月)
九州地域戦略会議
道州制検討委員会 (05年10月)
・「道州制の答申」発表 (06年10月)
第2次道州制検討委員会 (07年05月)
・「九州ﾓﾃﾞﾙ」を答申 (08年10月)
・「将来ﾋﾞｼﾞｮﾝ」及び「PR戦略」を報告 (09年06月)
・PR活動（講演会、ｼﾝﾎﾟｼﾞｳﾑ）
自民党
・道州制調査会 (04年11月)
・中間報告 (07年6月)
・道州制推進本部 (07年11月)
・第3次中間報告 (08年7月)

(資料) 第１図と同じ

第４図　九州が目指す姿、将来ビジョン

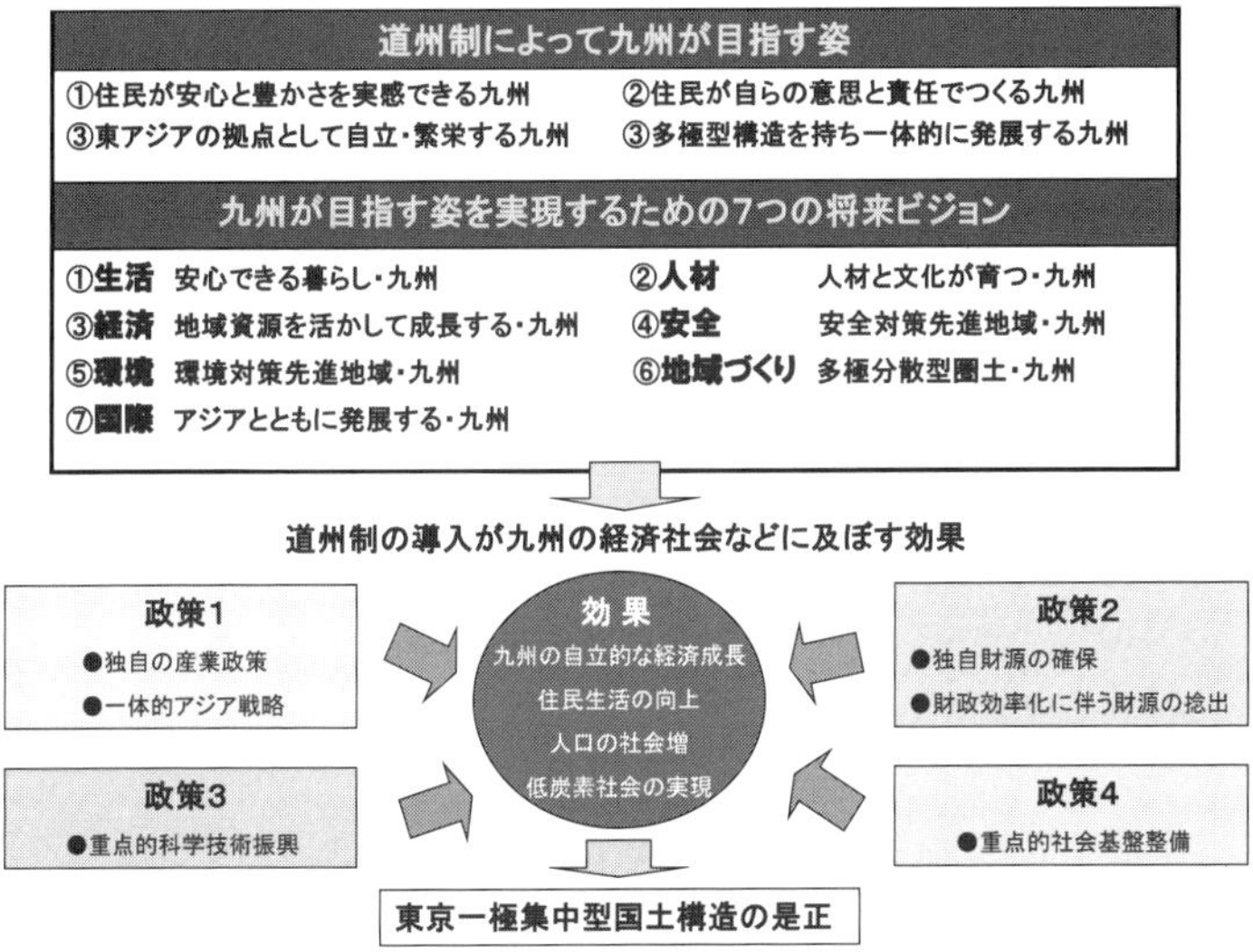
道州制によって九州が目指す姿
①住民が安心と豊かさを実感できる九州
②住民が自らの意思と責任でつくる九州
③東アジアの拠点として自立・繁栄する九州
③多極型構造を持ち一体的に発展する九州
九州が目指す姿を実現するための7つの将来ビジョン
①生活　安心できる暮らし・九州
②人材　人材と文化が育つ・九州
③経済　地域資源を活かして成長する・九州
④安全　安全対策先進地域・九州
⑤環境　環境対策先進地域・九州
⑥地域づくり　多極分散型圏土・九州
⑦国際　アジアとともに発展する・九州
道州制の導入が九州の経済社会などに及ぼす効果
政策1
●独自の産業政策
●一体的アジア戦略
効果
九州の自立的な経済成長
住民生活の向上
人口の社会増
低炭素社会の実現
政策2
●独自財源の確保
●財政効率化に伴う財源の捻出
政策3
●重点的科学技術振興
政策4
●重点的社会基盤整備
東京一極集中型国土構造の是正

(資料)第１図と同じ

第５図　九州地域戦略会議
第２次道州制検討委員会答申（2008年７月）

税財政制度（イメージ）

○中間報告役割分担に沿った制度、ただし年金は国，医療・生活保護は道州の役割として整理

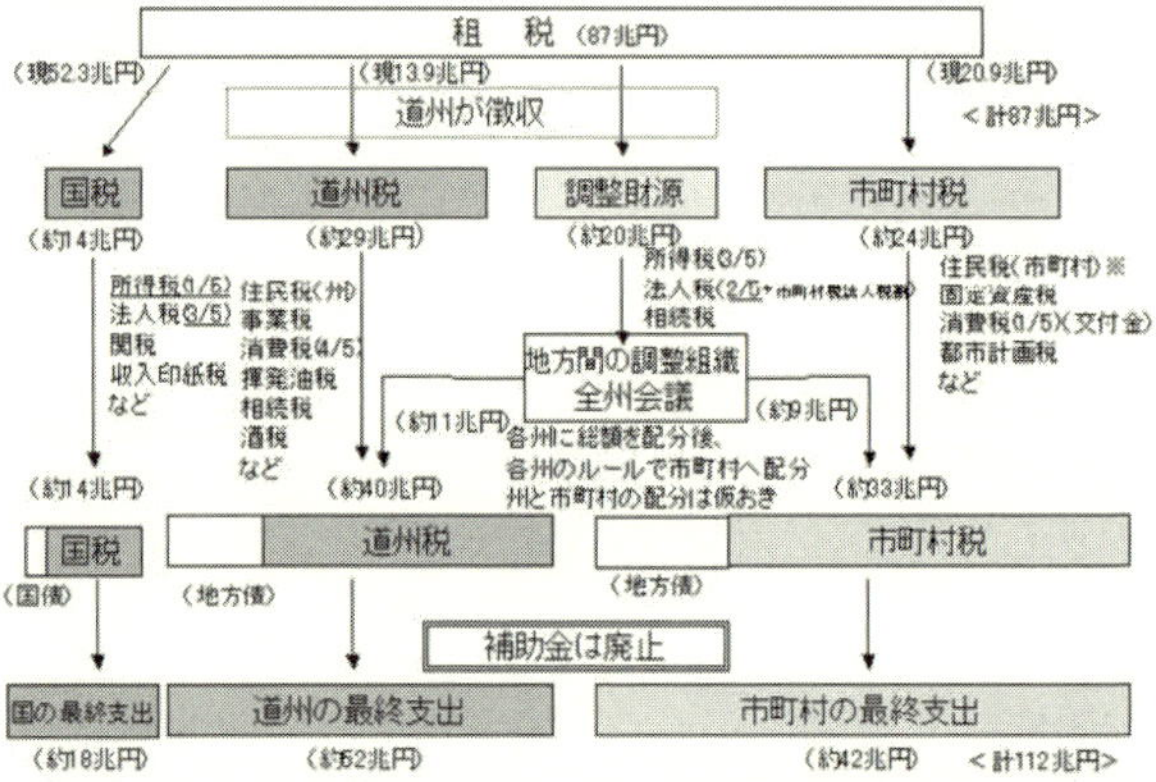

※所得税の2割は市町村税へ移譲

（資料）第１図と同じ

第１表　全国の各ブロックの人口・ＧＤＰと世界の国との比較

全国の各ブロックの人口・GDPと世界の国との比較

北海道	東北	北陸	東海	関西	中国
563万人	963万人	554万人	1502万人	2089万人	768万人
19.6兆円	32.7兆円	21.4兆円	63.8兆円	79.1兆円	28.3兆円
ポルトガル	ノルウェー	アルゼンチン	オランダ	オーストラリア	南アフリカ

四国	九州	沖縄	北関東	南関東
409万人	1335万人	136万人	1627万人	2830万人
13.4兆円	43.2兆円	3.5兆円	54.4兆円	133.8兆円
シンガポール	スイス	ルクセンブルク	オランダ	カナダ

第28次地方制度調査会答申の区域例－2（11道州）に基づいて作成

(注)1人当りGDP … スイス 57千ドル／人、オランダ 43千ドル／人
九州 29千ドル／人

(資料)第１図に同じ

【6】政権交代による頓挫と新たな再構築
——国家存亡の危機を脱するために

ところが、二〇〇九年九月残念ながら、民主党政権が誕生した。

このため、上述の道州制ビジョン懇談会は中止となり、折角積み上げて来た道州制の実現へ向けての風が、ピタリと止まった。民主党政権が、今までの遣り方をもう一度国家主導で再検討する方向に転換したためである。

こうして、約二年間に亘り日本全体の活性化の回転軸が狂ってしまったといってもよいだろう。

だが漸く、復活した第二次安倍政権によって、改めて道州制の回転が再開される状況である。

すでに、その準備が着々と始められている。この夏の参議院議員の選挙が終わり、安定政権が発足すれば早速に、地方主権の確立を土台とした新たな国創りが始まる。

そこでは是非とも、この本で述べるような地域社会に密着した基礎資源について、国家の関与が在っては、真のこれからの日本に役立つ道州制は成り立たないのである。

私は今回の安倍第二次内閣が追求している経済成長戦略は、地域主権の確立を目指す道州制が成功するかどうかに懸っているとさえ思っている。したがって、是非とも国家存亡の危機を脱出するというぐらいの覚悟で進めてもらいたいと思う。

その鍵は、これから以下の各編で取り上げる「水資源」と「電気資源」とさらに「食料資源」戦略において、飽くまでも国家の関与を本格的に排除しうるかどうかに懸っているといってよかろうと、敢えて結論付けたい。

そのようなことを含め、私自身福岡大学の「新殖産興業イノベーション研究九州プロジェクト」を最近は「道州制の条件整備」ということに特大して若手学者を中心に研究をすすめている。今のところ熊本大学（谷口功）、宮崎大学（菅沼龍夫）、久留米大学（永田晃生）と福岡大学（衛藤卓也）の四大学学長の協力をもらって、研究中であり、最近では、第6図のとおり、九州府の実現を経済界が牽引するよう提言した。

しかし、それでもなお道州制を進めるというインセンティブが、それほど働かないかも知れない。そこで私が提案したのが、わが国の場合の中央国家の政治行動に対する道州地方自治政府へのチェック機能の付与である。アジアでは、中国の歴史的な存在が大きいということも在って、ＥＵのように主権国家群を束ねる組織の組み立ては殆んど期待出来ない。とすれば、日本においては、議会による二大政党制が機能しなくなった場合の次善の策として、道州による下からの地方自治勢力による上部構造の改革要請が唯一のハドメではなかろうか。こうした役割を道州自治に持させることで、初めて地方政治が生き生きとして、生まれ変わることが出来るのではなかろうか。

（注）2　ＥＵ委員会が単なる経済統合が目的ではなく、欧州の主権国家が暴走しないようにするための歯止めであると示唆して下さったのは、慶応義塾大学経済学部の嘉治佐保子教授である。

第６図　福岡大他が「九州府実現」を提言

　産官学が連携した九州経済の発展策を研究する福岡大学の「新殖産興業イノベーション研究九州プロジェクト」（代表研究員・衛藤卓也学長）は19日、九州経済連合会の松尾新吾会長に道州制を前提とした「九州府」の実現を経済界が牽引（けんいん）するよう提言した＝写真。プロジェクト代表幹事の永野芳宣・福岡大客員教授から提言書受け取った松尾会長は「道州制実現に向けて政令市や基礎自治体の行政システムをどうするか、検討する必要がある」と述べた。

（資料）2013 年 3 月 20 日 産経新聞記事の写

第二編

水資源という柱
――宝の水資源、自治州による民営化が鍵

【1】水資源のありがたさが判らない日本人

うちの上さんは、茨城県の笠間、私は福岡県久留米。いずれも、今から数十年前はれっきとした田舎。青々とした緑の山や川、そしてのどかな田んぼと蛙の鳴き声が耳の奥から聞こえてくる。考えてみるまでも無く、私たちは水に恵まれすぎて、水の中で暮らしてきたにも関わらず、そのありがたさを忘れているようである。うちの上さんにそういうと、ここは素直に頷いた。

今ではア・パアート住まいの私たちは、水道水が無ければ生きて行けない。私は、平気で毎日水道水をその儘飲み、歯を磨いたりする。だが、もっと上等な飲料水が在る。うちの上さんが用意して呉れている浄水装置が、とても便利に利い

ている。水道水の塩素（カルキ）の匂いなどを排除してくれるからだ。

しかし何故か、水道事業は未だに県とか市とか町が携わる公営事業になってきる。殆どあらゆる事業が、私企業の仕組みが世の中に役立つというのに、水道事業が公営というも不思議である。電力会社も公益事業だが、その事業が生まれた時、すなわち明治の時代から民間の事業であるが、水道事業はどうして今でも公営だろうかと疑問が湧く。この点は、後ほど取り上げる。

ただここで述べたいのは、未だ本当に私たち日本人が、日本が保有する「水資源」という宝ものの存在を、深く認識していないのは無いだろうかという点である。

もちろん、最近では二十四時間営業のコンビニでペットボトル七百二十ミリリットル入りの水がワンコイン（百円）で買えるし、もう二十円も追加すれば、緑茶のボトルが買える。だが考えてみると、ガソリンより高いのである。しかし不思議なことに、さらに、ボトルの水を飲んでいる間に、自分の汚れた車をガソリンスタンドで綺麗に洗車して呉れる。さらにレストランに行って食事をすれば、殆ど必ずコップに一杯の水が出てくる。ちょっとお金を払えば、簡単に《そのまま飲める水》が手に入る。

だから、日本人は恐らく水のありがたさを、それほど未だに感じていない。感じるのは、特別な場合である。一つは、緊急事態が発生した時だ。二年前の二〇一一年に発生した、いわゆる《3・11》の東日本大震災の折、東京のオフィスも大混乱になりみんなが歩いて何時間も掛かって、やっと自宅にたどり着いたという経験をした。その折、スタンドはもちろんコンビニやスーパーなどで、みんなが飲料水を求めた。このため、全部売り切れ。水を求めて大変な騒ぎになった。私は、数日後上京したが、未だコンビニでペットボトルを買うのに苦労した記憶がある。みんなが用心して、緊急用にボトルを買い占めたからである。

ここで判ることは、同じ水でも人々は「飲料水」と判っているものしか、飲まないということである。この時、私たちは水資源の大切さを一瞬感じることになる。

また日本では何故か、雨が沢山降る夏が近づくと逆に水道水の節水が話題になる。そして現実に、水道が断水するという騒ぎが生じるが、この時は確かに水のありがたさを十分感じる。ただ何故、雨が余り降らない冬場は水道水の節水や断水が生じないが、雨が降る夏場にダムの貯水池がカラカラになり、水道水が制限されるのか、とても不思議である。一方この時、青々とした水田には満面に水が張られて、とうと水が流れ込んでいる。この点は、大きな問題であり、別途検討してみる。

もう一つは、今や大半の日本人が経験していることだが、海外に出掛けると水の大切さを必ず経験する。地球上多分殆どのところで、日本の国内のように水道水とか井戸水などを、そのまま飲むことはとても難しい。同じアジアのモンスーン地帯の近隣諸国でも、そのまま水は飲めない。同じ淡水でも日本の水のようにミネラルが入った軟水ではなく硬水だからだ。だから必ず、ペットボトルが必要である。外国では、どこのスーパーでも「飲料水」が貴重な商品として買い求められる。

すなわち、ミネラル分を含んだ水（軟水）を自然に供給出来る場所は、地球上に極わずかしか無いようだ。ヨーロッパ諸国やアメリカ大陸などにも、そういう場所が僅かに在る。だが、わが日本のように、概ねどこに行ってもタダで水道水を飲めるという状態では全く無いといってよいだろう。

日本人が、水のありがたさを味合うのは、このような場合だけだと言っても良かろう。

少し前書きが長くなったが、今や日本人はもっと「水」こそ、天が恵んで呉れた貴重な国内資源として、大いに活用しなければならない時代であることを、以下わかりやすく説明する。そして、この水資源の運用こそは、電気資源や食料資源と同じく、道州制制度における最も基本的な「広域行政権限」に無くてはならない基本的なものであるということを、先ず述べておきたい。

さてそうした地域に直結する、貴重な基本資源である「水資源」が、何故それほどまでに重要なのかを知るには、先ず第一に世界の水資源の実態を認識する必要が在る。その上で第二には、わが国の水資源と利用の実態を掴み、そして第三には水資源を巡る政策展開の歴史を掴み、その上で最後に第四には、今後のわが国の水資源の活用方策を、経済成長戦略と結び付けて考えてみる必要がある。

うちの上さんに話したら、「私、水のことは余り知らないのよ。だから兎に角、順番に教えて」といわれた。

【2】世界を席捲しつつある水資源不足

(1) 地球上に淡水はどれ位在るのか

水資源の消費量が、食料の生産と深く連動していることは、後ほど詳しく述べる

第７図　地球にどれくらい水が在るか

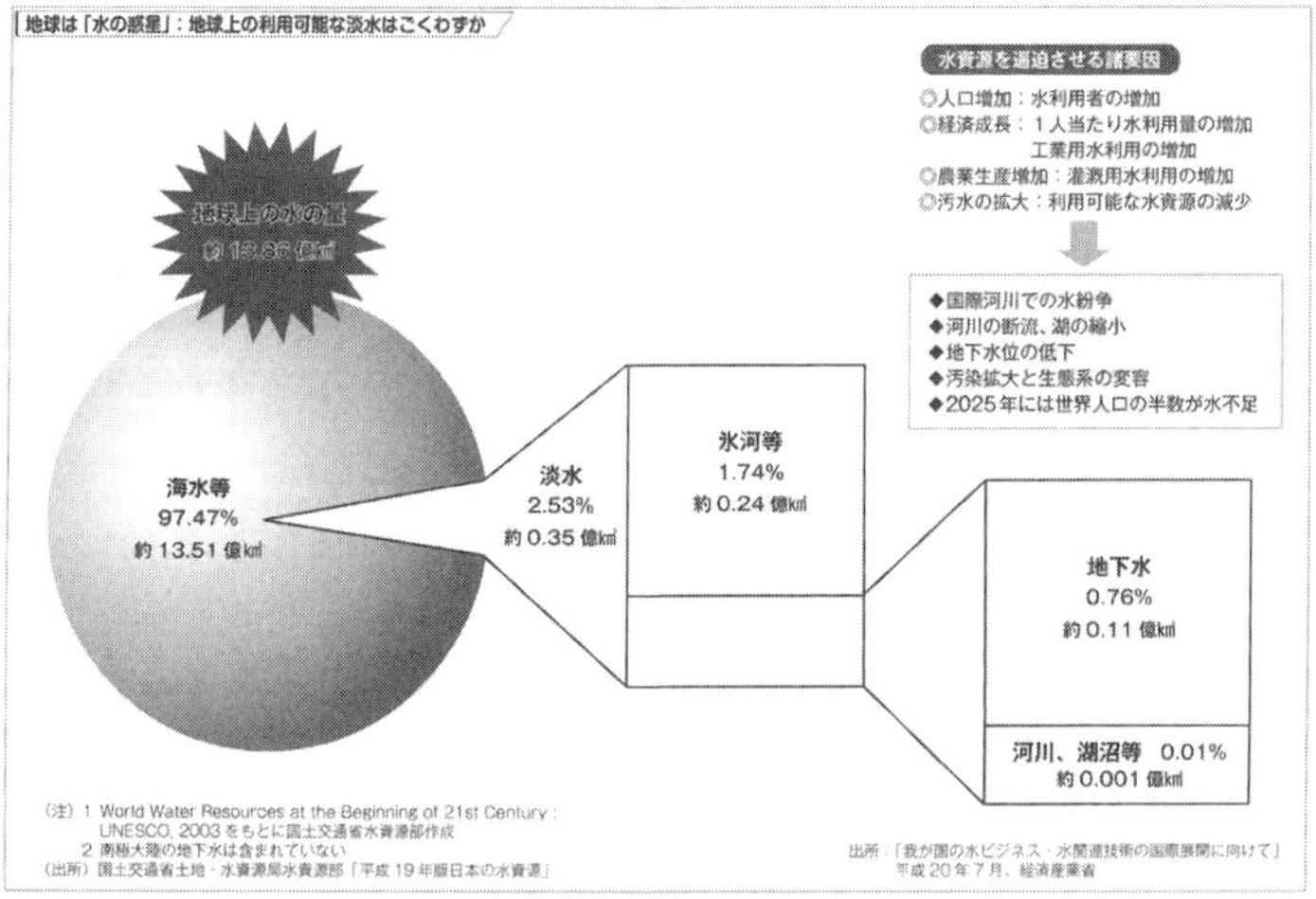

(資料) 柴田明夫著「水で世界を制する日本」 (PHP)20 頁～ 21 頁より

が、世界の人口増加と文明文化の高度化によって、石油等の化石燃料の使用増加が問題になっているように、水資源も世界の消費量が急速に増加している。

その前に先ず、一体この地球にどれくらいの水が在るのだろうか。専門書によると、概ね次のような説明がしてある。(第7図参照)

第一に、地球上の水の量は、十四億立方ｋｍだという。途轍もない大きさであり、他のものとはとても比較さえ出来ない。

第二に、その水が資源と言われるのは、次のような理由が在るからだ。

＊水は蒸発するが、地球上に雨や雪となって必ず戻ってくること。だから、全体の量は減りもしないし増えもしない。

＊だが、重要なことが二つ在る。一つは、その殆んど全体の九七・五％（十三・五一億立方ｋｍ）が「海水」で、いわゆる「淡水」といわれる「真水」は、そのまま飲めるかどうかは別として、僅かに二・五％（三千五百万立方ｋｍ）に過ぎない。

＊世界中でどれだけ年間に、その淡水を利用しているか。世界気象機関（ＷＨＯ）の発表によると、今から約八十年前では年間一千立方ｋｍだったのに、人口の増加と工業化の進展などによって、次のように急激に増えている。

※一九三〇年　一〇〇〇（立方ｋｍ／年）
※一九六〇年　二〇〇〇
※一九八〇年　三〇〇〇
※二〇〇〇年　四〇〇〇
※二〇二〇年　五〇〇〇

＊人類が、過去何万年か掛かって、八十年前に一千立方ｋｍの淡水を利用する水準に達したのが、僅かその後百年も経たない間に、五千立方ｋｍと五倍も消費する状況に成っている。

＊世界の人口増加の影響は大きく、上記水利用の殆ど七割は農業用といわれる。要するに、すでに七十億人に達したといわれる人口増加が、こうした水利用の急激な拡大要因だと専門家は述べている。

このように、世界は今増え過ぎる人口に対する食料の供給のための、水需要に悩まされている。さらに同時に、新興国といわれる中国、インド、メキシコ、ブラジルをはじめ、アジアの各国を含め、一斉に技術の導入によって工業化を達成し、経

第２表　世界の水使用量の将来見込み

	水使用量		増加量	増加率
	1995年①（k㎥/年）	2025年②（k㎥/年）	②ー①（k㎥ / 年）	②／①（%）
ヨーロッパ	497	602	105	121
北アメリカ	652	794	142	122
アフリカ	161	254	93	158
アジア	2,085	2,997	912	144
南アメリカ	152	233	81	153
オセアニア	26	33	7	127
合計	3,572	4,912	1,340	138
うち農業用水	2,504	3,162	658	126
工業用水	714	1,106	392	155
生活用水	354	645	291	182

出所：I, A. Shiklomanov, Assessment of Water Resources and Water Availability in the World, 1996 年（世界気象機関）

(資料) 第７図に同じ、同書 59 頁

済の高度成長を図ろうとしている。ここにもまた、大量の工業用水や都市化に伴う飲料水等の水需要、すなわち水資源の消費の拡大が要請されている。（第2表参照）

ここまで説明したところ、うちの上さんから注文が付いた。

（2）地域密着の水の魔法
――太陽エネルギーが創り出す《循環水》

「あなたの説明は、丁寧過ぎて却って判り辛くなるわよ。もっと簡単に出来ないの・・・。その辺でいいから、次いで日本の実態を説明して」

しかし、この程度は説明しないと、水資源の重要さが理解して貰えないと思ったのだが、上さんの言う通りかも知れない。

そう思って「はい、判った」と返事をした。

するとうちの上さんは、こんな本をあなたの図書室から見付けたよ、というのである。

それに、「こんな良い本を、あなた書庫に打っ棄って置いたでしょう・・・最初だけ読んだけど、とても良いこと書いてあるわよ」そういって、その新書版の本を渡してくれた。

そういえば、二三日前の日曜日の昼下がりのことだ。自宅の部屋には、新しい本を買ってきては、次々にその本を乱雑に机の上はもちろん、本棚もドアの後ろも、それに廊下まで膨れ上がっていた。そこで、うちの上さんが本の重量で、そのうち床が抜けるかも知れないと心配して、余分な本を事務所に持っていこうということになった。

タクシーを呼んで、一杯ボストンバッグやキャリーが付いたスーツケースなどに、本をとにかく五百冊ぐらい積み込んで事務所の図書室に運んだ。その時先ほどの本を、うちの上さんが逆に持って来たらしい。

ちなみに、この図書室は私が長年お世話になり、現在も特別顧問をしているが、イワキ株式会社の社長岩城修さんが事務所の一角に、私のために作って下さったものだ。もう何十年にも亘って毎月小遣いで最低五十冊ぐらい買うので、いつの間にか一万冊以上の本やら雑誌等が詰まって居る。もちろん分類等する暇は無いから乱雑そのものだが、一見ちょっとした図書館のようになっている。

「もちろんお会いしたことも無いけど岩波新書から出ている、中西準子教授が書いた《水の環境戦略》という題の本ですよ…これ、あっちこっち行間に赤線を走っているから、読んだことあるんじゃない?」

うちの上さんにいわれて、手に取りぱらぱら捲って見て思い出した。ちょうど今から二十年ほど前、ブラジルの首都リオデジャネイロで、国連主宰の第一回「地球環境サミット」が行われた。私も日本商工会議所から、民間代表者の一人として参加していた。政府の正式代表者は、時の首相竹下登さんだった。そういえば民間代表者の一人に、今度九州経済連合会の会長に成った秩父セメントなどの社長、麻生泰さんも居たのを思い出した。

この中西準子教授の著書は、こうした地球環境問題が強く論じ始められたことを踏まえて、その二年後の一九九四年に初版が出ている著名な本である。(なお、中西準子氏のタイトルは2009年当時のもの)

ところで、うちの上さんがいうには、この本の冒頭に「水資源」とは一体どういうものかということが、とても判り易く説明して在ったという。だから、上さんの指摘の通り、もう一度この中西教授のデータを使って、「水とは何か」を取り上げてみると、基礎データはやはり、先ほど整理した最近のものと殆ど同じである。

ただ、説明の仕方は中西教授の取り上げ方が、とても的確である。例えば次の通りだ。

＊地球上の水の量　一兆トンの百万倍（先ほどの説明：１４億立方ｋｗ）

＊但しそのうちの九七％は海水、淡水は三％に過ぎない。

＊この三割（三〇％）の淡水の内訳は、氷・地下水・河川水の三つに分かれるが、八割（二四％）は氷、二割（六％）は地下水……では、河川水は？

＊河川水は、淡水の〇・〇〇四％、一・三兆トンに過ぎない。これは、地球全体の水に対して、正に百万分の一という微量である。《微量》といっても、もちろん大変な量である。

＊これを、すなわち一・三兆トンの河川水を地球全体の人口で割ると、一人当たりどうなるか。

中西教授が、その本を著した二十年前は地球の人口は約五十億人だったから、一人当たり二百五十トン。人間一人当たりの飲料は、平均二百五十リットルだから、毎日全員が飲み続けると、二百五十トン÷二百五十リットルであるので、千日分ということになる。三年間しか持たない・・・と教授は書いている。
＊ところが、今では地球の人口は七十億人といわれる。だから、一人当たり二百トン。よって飲料水に使用すると、八百日分すなわち、二年二カ月とさらに少なくなる。

ところが、私たちは殆ど不自由なく、水が使えるのは何故か？
＊中西教授は、この魔法のようなことを、明快に次のように説明している。
『私たちがあまり不自由なく水を使い続けられるのは、それが十〜十五日に一度ぐらいの頻度で循環しているからである。一年間に流れる水の量は、河川水と流れている地下水の現存量の二十倍強、三十七兆トンである』そしてさらに、次のように述べている。

『その循環のおかげで、私たちはいまのようなかたちで生活や農業、工業に水を使うことができる。それを維持しているのは、太陽エネルギーによる蒸発と海での浄化機能である。地球上での水の蒸発量は、河川の流量の一〇倍近くある』（注）中西準子著「水の環境戦略」（岩波新書）3頁

なお世界の淡水取水量とその用途は第3表のとおり。

うちの上さんが漸く口を挟んだ。

「その中西教授の説明で、やっと判ったわ。あなた、折角図書を沢山持っていても、こういう時に使わないと、意味が無いのよ」

厳しく上さんに指摘されたが、さらに追い討ちが来た。

「あなた、だから重要なのは《それぞれの地域地方に降った雨》が流れる、中西教授がおっしゃる《河川の水》ということよ‥‥その意味、判るの？」

いやいや実に厳しい。迷わず応えた。

「水の問題は、地方地域に密着したことだから、地方自治が主体的に政策を実行すべきだという指摘だと思うけど、今まではそれからこれからも、中央官庁が取り仕切っていこうというのは、おかしいことだね」

うちの上さんが、大きく頷きながら述べた。

「正に中央官庁の治水課の責任者として、全国を廻っていた父親たちの頃は、全国の荒れた河川を改修する《治水》が目的だったんでしょう。直接お父様からお聞きしたことが在るわよ。だけど、これからは、電気や食料のことと同じく、地域密着の河川の水の扱いは、治水が中心課題ではなくむしろ《利水》や《活水》が重要課題

第3表　世界の淡水取水量とその用途

地　域	1人当り 水資源量 (トン/年/人)	1人当り 取 水 量 (トン/年/人)	水資源 利用率 (%)	部門別用途割合(%)		
				生活	工業	農業
世　界	7,690	660	9	8	23	69
アフリカ	6,460	244	4	7	5	88
北・中米	16,260	1,692	10	9	42	49
南　米	36,960	476	1	18	23	59
アジア	3,370	526	16	6	8	86
欧　州	4,660	726	15	13	54	33
日　本	4,430	735	17	18	17	65
米　国	9,940	2,162	22	12	46	42
イギリス	2,110	507	24	20	77	3
旧西ドイツ	1,300	668	51	10	70	20

(資料)中西準子著「水の環境戦略」(岩波新書) 15頁より引用

ですから、あなたがいう新しい《道州府》に任せるべきだと思うのよ」

彼女のいう通りだ。だが、うちの上さんに説得されたというのも、やや私の学問的プライドにも引っ掛かるので「・・・・あのね、未だ日本のことを話してないよ」と述べ、次に進むことにした。

なお、日本の水資源賦存量と使用量の現況は第8図のとおりである。

(3) わが国の河川利用状況と問題点
——昔のままの農業用水と水利権

この五月のゴールデンウイークに、近所の本屋さんに出掛けた時「水に関する本は、どの辺りに在るの?」と尋ねたところ、店員の反応がとても早かったので驚いた。ところが、そのコーナーに行って見て二度驚いた。びっしり、少なくとも四、五十冊の本が並んでいたからだ。残念ながら、先ほどの中西準子教授の「水の循環戦略」(岩波新書)は見当たらなかった。

目ぼしい本を十冊ほど買い求めて、早速二日間掛かって目を通してみた。出てき

第 8 図　日本の水資源賦存量と使用量

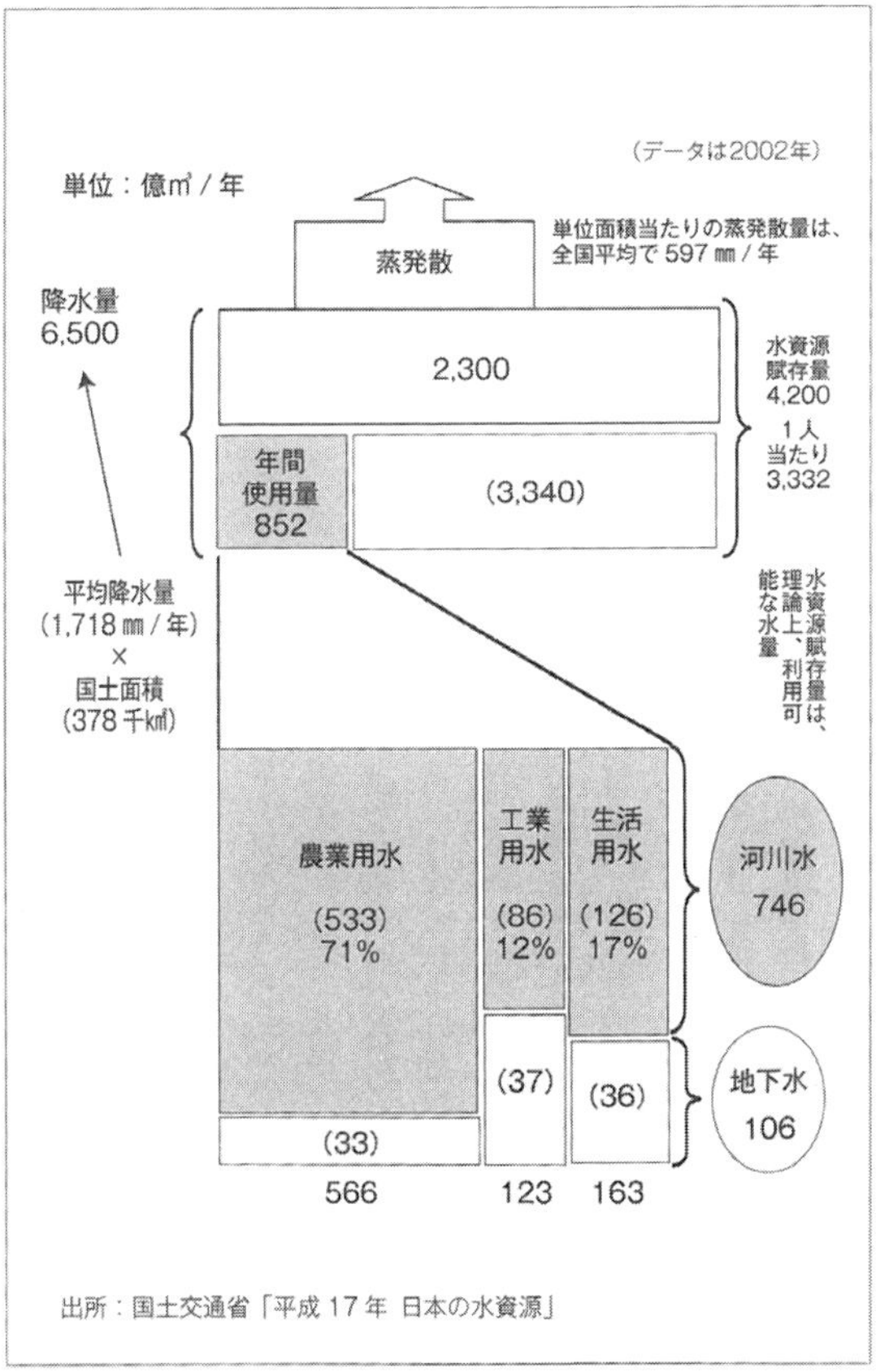

(資料) 第 6 図と同じ、同書 97 頁より

た私の結論は、ただ二つである。

その二つとは、何か。

第一に、最近購入して来た殆ど全ての書籍の中に、日本だけでなく世界の《水危機》が叫ばれており、同時に日本に取って今や「水ビジネスがチャンス」ということが取り上げられていたこと。

第二に、水危機の対象が概ね生活用水と工業用水であり、「農業用水」の危機についても当然取り上げられているものの、具体的な問題点には殆ど触れられてはいないこと。

参考までに、例示をしてみよう。

＊渇水、水害、水質汚染に代表される水危機に対して、人間の長年の対抗史があり、（中略）その営為の成果に、今日の都市の繁栄があり、豊かな農村がある。（仲上健一著「水危機への戦略的適応策と統合的水管理」技報堂出版）

＊日本における水の主要課題は3つあるといえる。一つ目は、地球レベルで深刻化

する水不足の影響である。日本は海外の水に依存する生活をしている。多くの食料を輸入に頼るが、それらが生産過程で必要とする水の量は、年間数百億トンにもおよぶ。（橋本淳司著「水は誰のものか」イマジン出版）

＊わが国の水処理装置、関連製品、装置の運営・管理事業が全世界の水ビジネス市場に占める割合は数％に過ぎない。（中略）わが国の水関連ビジネスは、まさに２０世紀の終わりまでは発展してきたが、２１世紀に入った直後から急激に生産高が減少に転じている。そして２０１０年にやっと減少が止まったが、生産高はピーク時の３分の１にまで落ち込んでいる。（宝月章彦著「水ビジネスの再構築」環境新聞社）

＊２０世紀は石油の時代であった。２１世紀は水の時代になるだろうといわれている。大規模な水不足や水汚染が予想されているからだ。この問題解決のためには莫大な投資が必要だ（中略）水は地球生物に必須である。しかし水にはさまざまな物質が溶け込むので、清潔な水を得ることは簡単ではない（中略）地球の人口が大幅

に増え、水需要もそれにしたがって増えた。しかし、地球上における水の自然循環量は増えていない。生命維持のための水、食料生産のための水、工業のための水、快適な生活のための水は必要であり続けるし、生活水準が向上すれば、さらに水の需要は増大する。すでに、地球レベルで水が不足している（以下略）（種本廣之著「水ビジネスの世界」オーム社）

＊人間は生きていくうえで、水は空気や食べ物とともに欠かすことができない（中略）わが国では、上・下水道事業は法律上、地方公共団体が経営することとされている。ところが、海外では官民パートナーシップという枠組みにおいて、イギリスのように「完全民営化」されている国や、フランスのように民間企業が主体となり事業を展開している国もある。水ビジネスは（中略）戦後の《建設》の時代から、いま《維持・管理そして更新》の時代にさしかかり、《パラダイムの転換》が求められているのだ（服部聡之著「水ビジネスの現状と展望」丸善出版）

＊資源をより少なく、有効に使う技術が発達することにより、量的に成長する社

会から、質的に成長する社会になった。しかし、二〇〇八年版の「水資源白書」では、国土交通省は、「高度成長期における大都市を中心とする急増する水資源に対し、施設整備を中心とする量的なキャッチアップの時代は、社会経済活動が安定的な局面へ移行した今日、ほぼ終わりつつある」と「終わり」を認めたわけではなかった。「終わった」と書いた瞬間に、ミッションが完了し、次のステージに進むのだが（以下略）」（政野淳子著「水資源開発促進法」築地書館）

＊人類の使える水は水資源のほんの一部にもかかわらず、水の使用量は人口増加や経済発展にともなって急拡大しています。水の需要と供給のバランスが崩れ、必要量が賄えなくなっているのです。（中略）水資源の約七〇％が農業用水といわれています。農業用水は河川水や地下水などを利用していますが、枯渇の危機を迎えています。世界では、農業用水の削減が大きなテーマになっています（吉村和哉著「水ビジネスの動向とカラクリがよ～くわかる本」秀和システム）

＊わが国の年間の降水量は約六四〇〇億㎥ですが、そのうち約三六％は蒸発散し、

残りの約四一〇〇億㎥が利用可能な水の量で、実際に使われているのはそのうちの八一五億㎥です。

わが国の水利用は、古代から江戸時代（まで）は稲作農業中心、江戸時代から戦前（まで）は工業用水の利用拡大に伴う近代水道の整備、戦後から現在までは、高度成長と人口増加による需要増大に対応するための水資源の総合的な開発により発展して来ました。

わが国は世界的に見ると降水量が多く水が豊かな国ですが、河川の流量は一年を通じて変動が大きく、安定的な水利用を可能とするためにダムや堰等の水資源開発施設を建設しています。（中略）水の用途別使用状況は、農業用水が約五四四億㎥（約六七％）、工業用水が約一一六億㎥（一四％）、生活用水が一五四億㎥（約一九％）となっています。日本の水資源使用率を」地域別に見ると、大都市が集中する関東、近畿で高い値となっています。（国土交通省ホームペイジ「日本の水資源」）

以上七冊ほどと、もう一つ「国土交通省のホームペイジ」を取り上げてみた。各著書のポイントといっても、それぞれ少なくとも百頁から中には三百頁以上も在る書籍の、ほんの一部を紹介しただけである。取り上げた筆者の目的に沿って、十分に吟味の上「原文のまま」の紹介に努めた積もりだが、意を得ていないところが在るかも知れない点は、ご容赦いただきたい。

改めて、ご覧になるとお判り頂けると思うが、前述した私の二つの指摘の通り、現在国内の水資源の課題が「農業用水」や「工業用水」に在ることが十分理解されていないということである。

もう一つは、国内の水資源問題と海外すなわち世界の水資源問題との違いが、明確に区分されかつ理解されていない点である。

この点、うちの上さんが見付けて呉れた、中西準子教授の前掲の著書で指摘していること、すなわち「①水田農業などが半減しているにも拘わらず、既得権と成っている農業水利権が見直されていないこと。②工業用水についても、企業の生産性の向上で実際の利用水量は、大きく減少していること」が、以上の書籍では見落とされている。

序ながら、最後のほうに紹介した吉村和哉著の「世界では、農業用水の削減が大きなテーマとなっている」という表現は、若干意味は異なるが《世界では・・・》とわざわざ断って述べている。だが農業用水の問題は、海外での水不足のこととは違い、むしろわが国においては逆に「農業用水の削減」ということが、これから問われる課題であることを指摘しておきたい。

また、最初に例示した仲上健一著の中で、農業用水について次のような記述がある。

「日本は長年農業国であったため、水に対する認識はきわめて高かった。その意識が今日の農業用水の利用形態を生み出してきた。近年、水田の減少や農家数の減少により、農業用水のあり方が問われている」（前掲書三十五頁）

具体策は敢えて書かれていないが、同著者の問題意識からすると、前述の中西教授の指摘と同じだろうという気がする。

要するに、先ほどの国土交通省のホームペイジの記述で明らかなように、日本の河川水の使用権利者の第一順位は、「農業用水利権」である。工業用水と飲料水は、ダムなどの構築によって与えられる「暫定水利権者」である。だから、中西教授が述べるように「したがって、ダムなどの何らかの処置によって新たに水が生み出されれば、それが工業用水や水道水の水利権として認められるというかたちになっている。ダムなどの水源開発が（工業用や水道水用の）需要に追いつかないときには、それを暫定水利権として認めてきた」。だからその水道水や工業用水のための《暫定水利権》は、「ダムなどが建設されるまでの間、十分な水のあるときは取水できるが、渇水になればできないという（正に暫定）水利権である」ということになる。
（注）中西準子著前掲書三十二〜三十三頁より引用。但し、引用文中のカッコ内は、筆者が判り易くするために挿入。

中西教授は、事例として利根川・荒川水系における渇水時の現実の農業水利権の運用と、工業用及び水道用の算定水利権の運用との違いを「不可思議なダム運用」として取り上げている。それは、夏場によく見られる「渇水」時の東京都が行う節水や断水の厳しい呼び掛けと実行が行われている折、農業用水の方は、とうとうと水が張られ余った水が大量に川に捨てられている光景を、皮肉ったものである。

なお、中西教授が同著の中で具体的に取り上げている一九七二年〜一九九〇年の間の利根川水系と荒川水系についての農業用、工業用、水道水用別の、「最大種水制限率」の状況を、第4表にそのまま掲載して置いたので、ご参考にして頂きたい。特に荒川水系では、水道水は厳しく取水制限が課されているが、農業用と工業用は全く制限されていなかったことが良く判る。

これを見て、うちの上さんが述べた。

「ひどいわね。東京都は、私たちの命にかかわる水道水は、節約しなさいと厳しくいいながら、有り余っている田んぼの水は垂れ流しだったのね」

この農業用水については、後で食料資源（農業）について、説明する際にもう一度取り上げるが、正にうちの上さんがいう通りだ。本来なら、それこそ《命（いのち）》に拘わる飲料水（水道水）の水利権が、いまでも暫定的に扱われている価値観を、是非「道州制」の導入と同時に見直し、自主的な地方地域の運用を積極的に心掛けて貰う必要が在ると私が述べると、直ぐ言葉が返って来た。

「そういうことを、しっかり取り上げてね」

もちろん、その農業用水の問題だけでなく、工業用水のための水利権についても、その活用の実態を早々にチェックし、適正的確な運用に心掛けるべきであると思う。

第４表　主要水系における既往渇水時の取水制限

水系名	年	最大取水制限率			水源の最低貯水率
		水道水	工業用水	農業用水	
利根川水系	1972	15%	15%	—	33%
	73	20	20	—	19
	78	20	20	20%	16
	79	10	10	10	45
	80	10	10	10	51
	82	10	10	10	53
	87	30	30	30	18
	90	20	20	20	24
荒川水系	78	73	—	—	—
	79	73	—	—	—
	80	28	—	—	—
	83	26	—	—	—
	84	100	—	—	—
	85	100	—	—	—
	86	72	—	—	—
	87	100	—	—	—
	90	52	—	—	—

(資料)第３表と同じ　(31頁より引用)

【3】わが国の水資源管理の歴史と管理制度改革の必要性
――国家主導から地域主権へ（民間活力本格導入のとき）

（1）治水対策、利水対策、環境対策を経て新たな時代へ

①治水対策

若い頃、歴史を学んだ折、「日本という国は、モンスーン地帯に属する細長い災害列島。よって、《水》を制する者が国を治める」というようなことを、教えて貰ったのを今、思い出している。

その前提には、わが国の伝統的な稲作の維持発展ということがあった。稲作には、水が無くては成り立たない。よって、それぞれの土地すなわち地域地方の支配者は、急峻な河川の水を安全に治め、農業用水として効率的に活用できることが、何としても第一義的に必要であった。

下級官吏職だった私の父親は、正に一生を「治水」に捧げたといってもよい。

晩年は、河川法に基づく規則や基準をどのように変えていくかに、役人の立場で苦戦していたようであった。戦後間もなく改定された河川法は、その第一条から第三条

にかけて、「河川は公共物であり、このため河川の管理者は、河川環境の整備と保全がされるよう総合的に管理することにより、国土の保全と開発に寄与し、もって公共の安全を保持し、かつ公共の福祉を増進すべし」云々と書かれている。そうした条文と父親は、極めて真面目に向かい合って仕事をしていたと思う。

すなわち具体的には、荒れた河川の堤防構築と付け替え河川の新設と水利調整ダムの建設などだが、これは先ずは農地の灌漑や水利権に基づく、水田への水の配分と結び付いたものであった。ところが、工業近代化と都市型生活の普及によって、農業水利権から工業用および生活用の水利権への移動を、どのように巧く調整していくかが重要課題になっていく。

第9図は、国土交通省のホームペイジから取った、過去三十五年ぐらいの全国の水利用状況図である。父親はちょうどこの図のはじめ頃、一九七五年頃に活躍していたが、この時わが国の年間水利用量は、八五〇億㎥。その内訳は農業用水が五七〇億㎥(六七%)、工業用水が一六六億㎥(二〇%)、生活用水が一一四億㎥(一三%)で在った。

それが、最近ではどうなっているか。約三十五年経った現在のわが国全体の水の使用量は、僅かに五％程度減って八一五億㎥（高度成長ピーク時の約八八九億㎥に対しては約一割減少）であり、内訳では農業用水と工業用水がそれぞれ五四四億㎥（▼五％）、一一六億㎥（▼三十％）へと減少している。だが、生活用水は一五四億㎥（△三五％四十億㎥）と大幅増加している。

いずれにしても、他の国とは違って急峻な河川の水害を如何に防ぐかは、今でも災害が起きる度に話題になるぐらい重要である。だが、今から三十五年ないし四十年以上前、私の父親が対応していた頃は治水対策は、農業のためということが殆どだったのに対して、次第に工業ないし生活用水として如何に活用するかが必要な時代へと移っていったのである。

②利水対策そして環境対策

最近熊本県の蒲島郁夫知事が、水俣病被害者の損害賠償適用範囲の認定について、上告を取り止めるという英断をしたことが話題になった。工業用水の河川への放流が原因で、今から四十八年前（一九六五）にはじめて認定されて問題になった公害病である。

第９図　わが国の水使用の内訳と推移

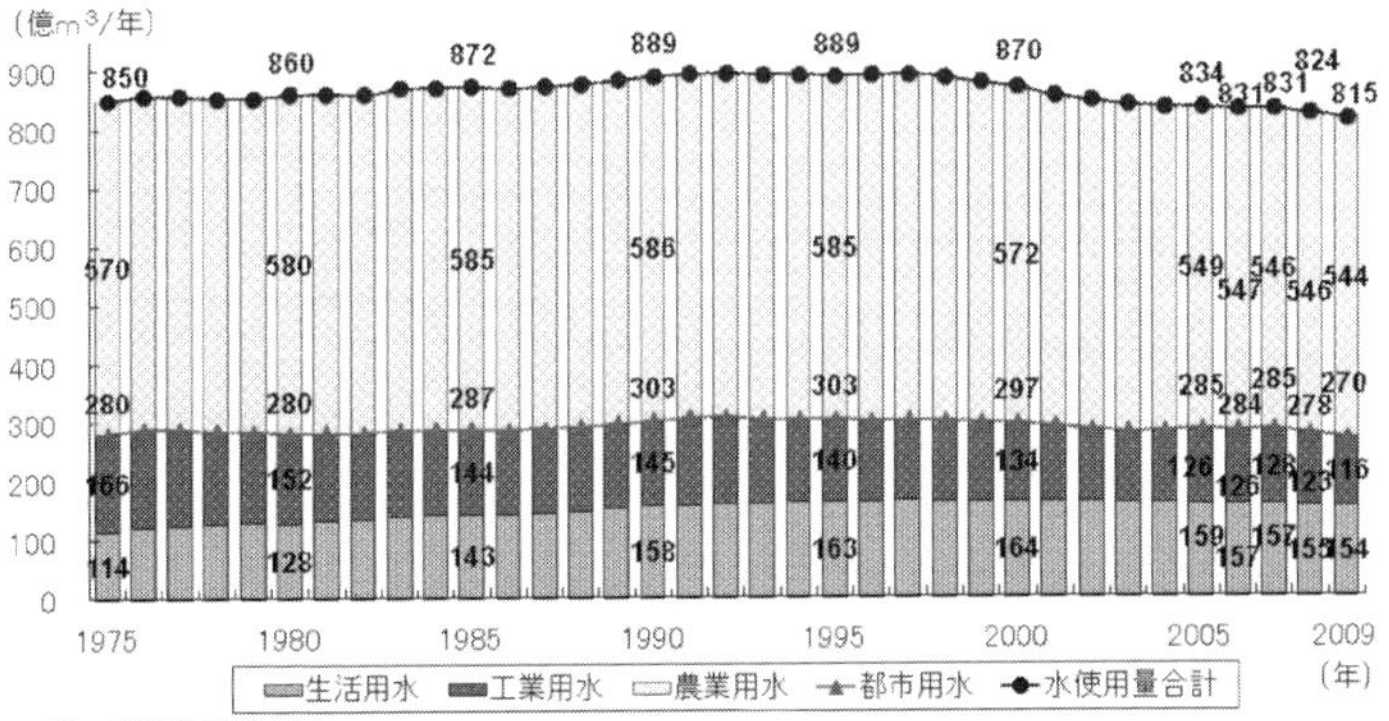

(注) 1. 国土交通省水資源部作成。
2. 国土交通省水資源部の推計による取水量ベースの値であり、使用後再び河川等へ還元される水量も含む。
3. 工業用水は従業員4人以上の事業所を対象とし、淡水補給量である。ただし、公益事業において使用された水は含まない。
4. 農業用水については、1981～1982年値は1980年の推計値を、1984～1988年値は1983年の推計値を、1990～1993年値は1989年の推計値を用いている。
5. 四捨五入の関係で合計が合わないことがある。

(資料)農林水産省のホームページより

それは、わが国が先進欧米諸国に追いつくため、懸命に重化学工業化の進展を追及してきた結果生じた、「負の経済」といわれるものである。

ちょうどその頃、昭和三十九年（一九六四）東京オリンピックが開催された。いうまでも無くオリンピックの開催は、わが国繁栄の象徴だったと考えられる。電化率とは、日本人の全エネルギー消費の中で、電気をどのくらい消費するかという数字であり、その比率が高いほど《その国の文明度が高い》ということになる。ちなみに、日本の現在の電化率は既に約三割であり、アメリカの二十二％イギリスの二十一％、ドイツ・イタリアの二十％などを抑えて、すでに世界のトップクラスである。（注）わが国の電化率の推移および各国の比較については、参考までに第１０図及び第５表に示しておいた。

ところが、五十年前の東京オリンピックの頃は、未だ電化率十五％程度であった。電力会社は停電を無くすのに、懸命に力を入れていた。しかし一方では、東京や大阪などの主要都市がスモッグに覆われ、公害問題が発生しそＳＯ２やＮＯｘの除去対策が喫緊の課題となってきていた。発電所の燃料が石炭や石油中心から、クリーンな天然ガスのＬＮＧになり、さらにコストが低廉でＣＯ２が無く且つ稼働率七〇～八〇％

第10図　国民1人当たりの電化率上昇状況

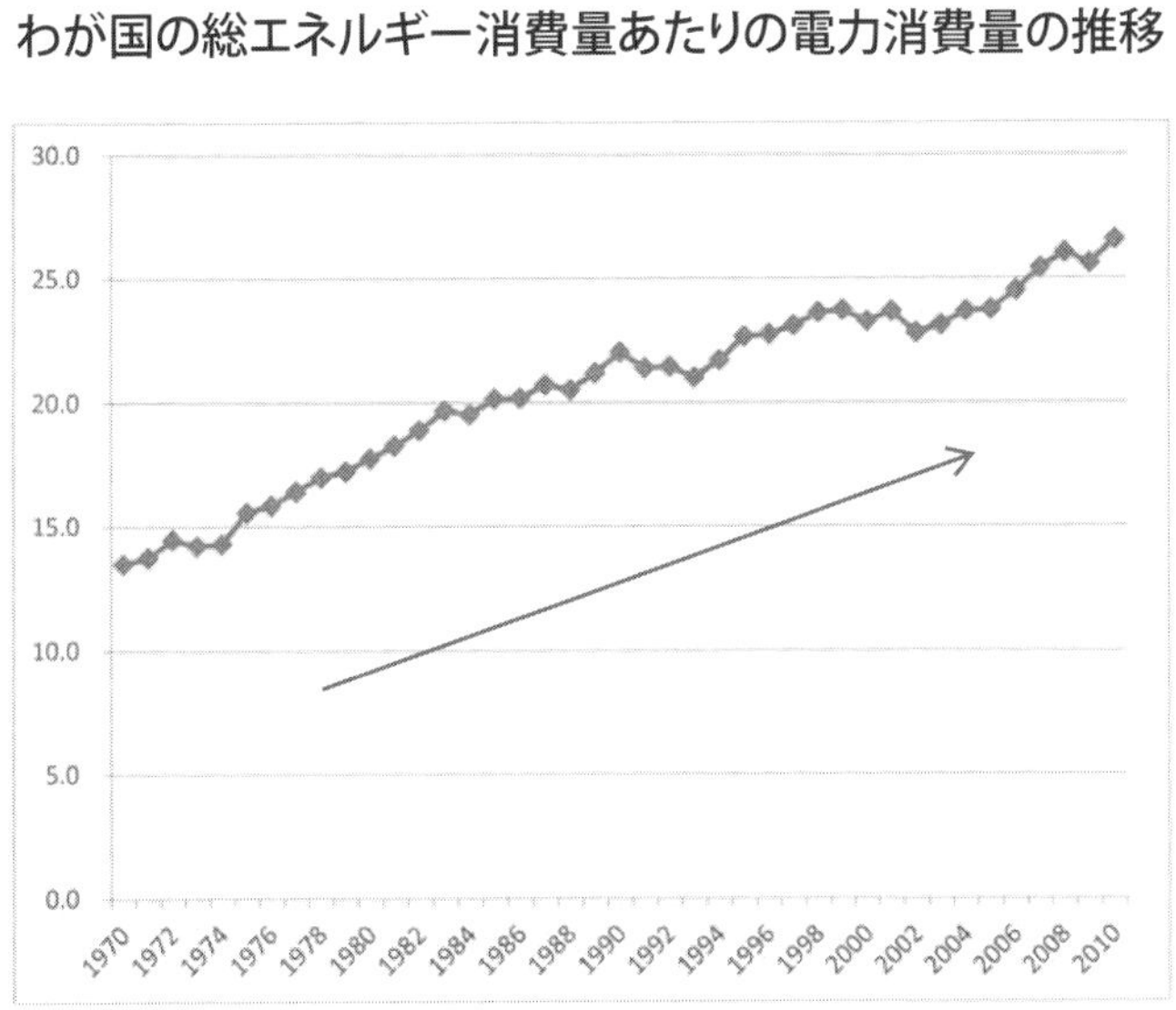

（説明）直線的に上昇しているのが特徴。これから高齢化社会を迎え、益々直接的に上昇していくことが考えられる。

（出所）IEA/OECD,Energy Balances of OECD Countries

第5表　各国の電化率比較

総エネルギー消費量当たりの電気消費量(2010年)

	総エネルギー消費量（百万トン/石油換算）	総電気消費量（百万トン/石油換算）	割　合(%)
ノルウェー	21.40	9.86	46.1
スウェーデン	35.23	11.28	32.0
フィンランド	26.67	7.18	26.9
日本	324.58	86.16	26.5
韓国	157.44	38.64	24.5
スペイン	93.70	22.41	23.9
フランス	162.81	38.19	23.5
オーストラリア	75.28	17.31	23.0
米国	1,500.18	326.97	21.8
カナダ	195.98	40.42	20.6
英国	137.91	28.24	20.5
ドイツ	226.75	45.49	20.1
イタリア	129.77	25.74	19.8
中国	1,512.22	296.79	19.6
デンマーク	14.96	2.76	18.4
ブラジル	210.61	37.66	17.9
ロシア	445.76	62.50	14.0
インド	457.49	61.12	13.4
インドネシア	156.45	12.73	8.1

※降順に設定中

(出所) IEA/OECD, Energy Balances of OECD Countries 2012
IEA/OECD, Energy Balances of non-OECD Countries 2012

以上で安定供給が出来る原子力発電所が、増えていったのもこの頃であった。

一方「水の利用」については、既得権益の《農業用水》のための水利権には、全く手が付けられず、暫定水利権といわれる工業用水と、水道他飲料等にのための生活用水の増大を充たすという目的で、ダムの建設や付け替え河川の構築などが、盛んに行なわれていた。私の父親たちは、それこそ《お国の発展のために》と、懸命に働いていた。

不思議なことだが、次の話は事実である。

次の第11図と第6表を見ていただきたい。第11図は、農林水産平成23年3月発表の「耕作放棄地の現状」から取ったものだが、ご覧の通り一九六〇年、すなわち今から五十三年前のわが国の農地耕作面積は、六〇七万haだった。ところが、現在は四六三万haへと一九七万haが無くなっている。このうち約一五%に当たる九十万haが宅地などに転用され、約七%に当たる三十九万haが耕作放棄地となっていると述べている。だが、数字が合わない。宅地等への転用九十万haと耕作放棄地三十九万haを合わせた一二九万haと一九七万haとの差、六十七万haは一体どこに消えたのか。

この数字は、決して小さくない。例えば、福岡県と佐賀県を合わせた位の大きさである。しかし、公式のデータだから仕方が無い。これも大問題だが、ここで問題にしたいのは、とにかく耕作農地が第6表のように少なくとも、二二%も減っているのに、先ほどの第9図に在るように、農業用水は殆ど減っていないという疑問である。

常識的には、農業の近代化によって農家が使用する灌漑用水などの水量は、仮に農地が減らなかったとしても、効率化した分だけ使用する水は減るはずである。仮に、農地の作付けや利用の仕方等が四、五十年前と、全く同じとしても、農地の減少分だけは農業用水は減るはずだ。とすれば、農地が二二%減った分に当たる年間農業用水（五七〇億㎥×二二%）一二五億㎥は、余剰と成っているはずである。

この数字も、決して小さくない。現在必要とされている生活用水年間約一五四億㎥の八割以上が賄える水量である。工業用水も、前述のように余っているはずだから、場所によってはわが国では、必要な水は殆ど充たされているという結論にさえなる。

むしろ、わが国においてこれからも必要なのは、工業用水を含む水の汚染と環境対策である。特に都会の環境対策は、ますます必要であろう。

第 11 図　耕作放棄地の増加状況

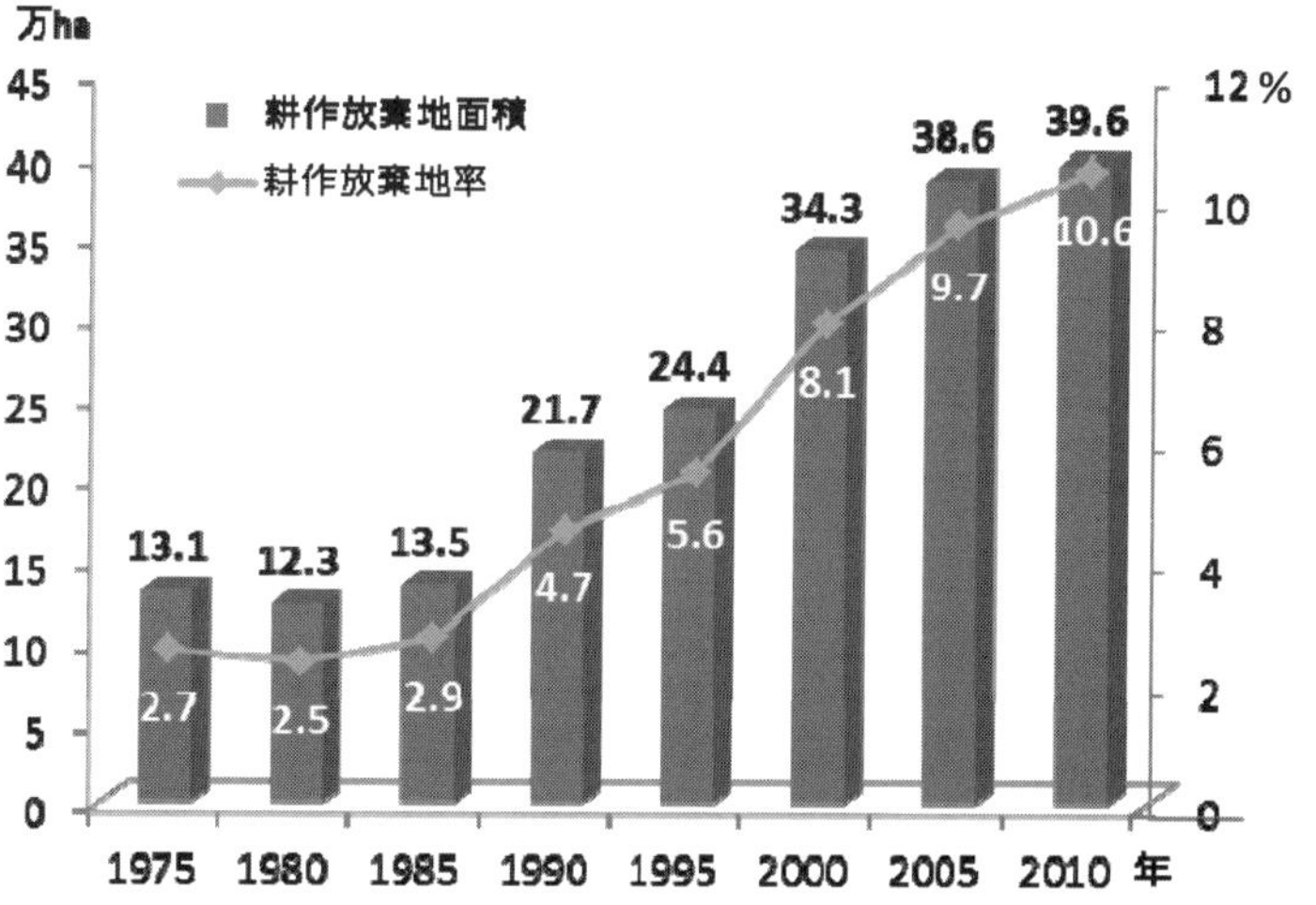

資料：農林水産省「耕作放棄地の現状について（平成23年3月）」より作成

第６表　耕地面積、農業就業人口等の推移

		1965年	75	85	95	2005
耕地面積（万ha）		600	557	538	504	469
	増減率（%）		▲ 7	▲ 10	▲ 16	▲ 22
耕作放棄地面積（万ha）		ー	13.1	13.5	24.4	38.6
	増減率（%）		ー	3	86	194
総農家数（万戸）		566	495	423	344	285
	増減率（%）		▲ 13	▲ 25	▲ 39	▲ 50
農業就業人口（万人）		1,151	791	543	414	335
	増減率（%）		▲ 31	▲ 53	▲ 64	▲ 71
基幹的農業従事者（万人）		894	489	346	256	224
	増減率（%）		▲ 45	▲ 61	▲ 71	▲ 75
65歳以上（%）		ー	ー	19.5	39.7	57.4

資料：農林水産省「農林業センサス」、「耕地及び作付面積統計」
注：増減率は、1965年比（耕作放棄地面積は1975年比）で、1985年以降の農業就業人口及び基幹的農業従事者は、販売農家ベースの数値

（2）わが国の水資源《活水対策》と道州制の時代

①活水対策は、農業用水を抜きにしては意味が無い

「活水対策」という言葉は、冒頭にも述べたように私の造語である。

もちろんもう二十年以上前に、成熟社会に達したわが国は、極めて真面目に限りある淡水の利用について、農業用、工業用および生活用として科学技術の大きな力を借り、いわば世界最高水準の水利用に努めてきたといえる。

これに対して、これから大きな発展が期待される新興国のアジアの各国では、すでに種々報道されているように、これから水問題を国家の最も重要な事業として取り組むことになってきた。

例えば、この五月十四日にタイのバンコクで開幕した「第二回世界水フォーラム」（別名：アジア・太平洋水サミット）には、アジア諸国を中心に三十カ国以上が参加した。今回は特に、ベトナム・タイ・カンボジア・インドネシアなどで発生している渇水対策のための水源の確保や、洪水防御などの治水対策が重要であり、各国の官民が協力して行こうという姿勢を、確認し合ったという。

このサミットには、民間企業も多く参加しており、ＩＴを駆使した先進的防災シス

テムなどを含め、水ジビネスの拡大に弾みを付けたいと期待している。

（注）資料：日本経済新聞　2013年5月15日付記事

一方、前述したとおり、わが国の今後の活水対策については、やはり大きく余剰が出てるはずの農業用水の既得権益を、実態に即してこの際改革開放しなければ、わが国の本当の活水対策は出てこないように思う。

その証拠に、かなり厳しく水資源開発促進法の役割はすでに終わっているとして、民主党政権の時代に、従来からの政府の水資源対策を批判してきている前述で取り上げた政野淳子著「水資源開発促進法」という本においても、農業水利権には不思議なことに全く触れていない。

前述した通り、従来からの政府の施策を批判するのであれば、すでに耕作地が六割に減少し、新技術を投入して効率化しているはずの農業用水は、大幅に低減していること。その不必要になり、無駄に放流しているであろうものを、新たな水ビジネスに生かすように、主張すべきではないだろうか。

②水の価値と道州制

今や、新たに《水資源》の価値が問われている。

わが国は、豊かになった先進国では在るが、その風土の特色から常に地震や風水害や火山爆発や台風など、災害に見舞われるため、治山治水対策が必要であり、それを怠ることは出来ない。だが、いったん目を外に向けて見ると、世界は今や「水不足の危機」が、ひしひしと迫ってきているという見方が強い。

遇々取り上げた、先ほどの「世界水サミット」の記事でも判るように、アジア地域をはじめ新興国においては、人口の急激な増加と食料の不足とが相まって、下水の処理も不十分なままで極端な衛生状態の悪化を齎し、同時にその複合作用で折角開拓し獲得された農地が、汚水に浸食されて荒廃して行くという、まさに悪循環が起きているという。

中国、インドをはじめ、多くの新興国でこのような事態が生じている。

「バーチャル・ウオーター」という言葉かある。

豊かになったわが国が、なお多くの食料品を海外からの輸入に仰いでいる状態を表す言葉だが、殆どの食料品は大量の水資源を使っていることを考えるべしという戒めでもある。

先ほどから述べるように、地域地方に密着した水資源を十分吟味し、仮に水利権として余剰の水が使用されないでいるなら、是非とも『道州の自治政府』の重要な役割として、それを有効にそれこそ《活水》事業として活かし、バーチャル・ウオーターの削減に努める必要が在るのではなかろうか。

そうすれば、確かに渇水で悩む多くの新興国で、有効な水資源の活用が可能になるだろう。ただし、問題がある。新興国は押し並べて、わが国のかっての高度成長時代と同じく、経済の大幅な成長がないと増え続ける人口を賄えない。

こうした国に対して、今後どのように対応していくべきか。それこそ、国家大の課題であると同時に、道州の自治政府が自分の判断で、相手の国々との経済関係などを調査確認の上、総合的に自らの道州に長期的に役立つ道を選択していく必要があろう。

そう述べると、またうちの上さんに次のように噛み付かれた。

「あなたの説明は、いつもくどくてそれに抽象的で、わかりにくいのよ。もっとはっきり書いてよ」

「そこが、とても悩ましい話なんだ。農業用水や工業用水が十分余っているはずだから、その水を活用して四割も減っている耕作地を、もう一度復活させることをしなくてはならない。それが、具体的にどの程度に本当になっていくかを、まず出さなくてはならないわけだ。それが一つ。もう一つは、日本が関係している新興国が、具体的にどの程度わが国に対する農産物の輸出に期待しているのか、それが減ったらどのように経済成長に響くのか、そういう収支バランスのようなものを作って見る必要が在るということだよ…．判る？」

そう応えた。

上さんからは「判ったけど、早くきちんと具体的に教えてね」と、兎に角厳しくいわれた。

③《道州》のための水資源活用と民営化推進

これから述べる「電気」や「食料」と同じく、水資源はあくまでそれぞれの道州すなわち、地域社会に深く密着した資源である。

その水資源を使って、低廉かつ安定した生活（水道）用水と工業用水と、そして農業用水を確保していくには、民間活力がどうしても必要である。

すると、こういうような水道水の話から、うちの上さんの関心が「公益事業といわれる電気は、昔から民間企業が責任を持って行っているのに、水道はどうして民間で無く、県営とか市営とかが行っているのか疑問だったのよ」というように、その経営形態に移っていった。

私が「話せば、長いストリーだけど・・・」と応えると、「簡単にいうとどういうこと。何か訳が在るの？」と、改めて追及された。

なかなか、簡単では無いけれども、それでも整理して次のように応えた。

※1：公益事業で在っても電気事業が民営で在るように、基本的には水道事業が公営でなければ成らないという理由は全く無い。

だが、日本には「水道法」という法律が在って、「水道事業は、原則として市町村か経営する」と規定している。そして、例外措置として「市町村の同意を得た場合に限り、（市町村以外の者が）水道事業を営むことが出来る」と規定している。

したがって、完全民営化するには、この水道法という規定を改定するしか無い。

※2：このようになっているのは、水道事業の長い歴史があるからだ。先ず、ヨーロッパだが、紀元前ローマで始まった水道は、皇帝の命令で興されたので、国営で在った。その後フランス、ドイツ、イギリスなどでも国営ないし公営として運営され続けた。特に、水道水を通じて伝染病コレラの媒体が広まったという事実が判明したことから、水道事業は公営が当然という認識が強かった。

それを打ち破ったのは、イギリスのサッチャー首相が行った規制改革である。全ての国営事業を民間に開放した時、水道事業も民営になった。

※3：わが国では、徳川家康が江戸に幕府を開いた時を嚆矢とする。

しかし本格化したのは、飲料水の確保を目途に多摩川を水源とする「上水道」が出来上がった、承応元年（一六五二）といわれる。その企画提案をしたのは、有力な江戸商人（町人）兄弟である。その功績で「玉川姓」を名乗るようになり、幕府から全ての上水道の運営管理を委託された。よって、今時点では完全に《民営》で在ったともいえる。

ところが、その数年後に委託した玉川兄弟の運営に不祥事等が発生したということを理由に、委託を解約してその後は、幕府が直接に管理運営することに切り替えている。

このため、明治維新後も、そして今日に至るまで、「水道事業は公営」という形が引き継がれて来た。↓上述の「水道法」を見ると判るように、経営は市町村という規定に繋がっている。

※発展途上国においても、基本的には水道事業は公営または国営によって運営されて来ている。

（注）以上の歴史などは、主として前述で取り上げた「服部聡之著『水ビジネスの現状と展望』（丸善出版）」を参考にした。

「そうすると、これからも何となく生活用水というのは、公営の水道事業が行うということなの？」

うちの上さんも、諦め気味にそう述べた。

「そうではなく、これからは是非民間の力が要るので、民間事業で行ってもらう必要があると思うよ…《ＰＰＰ》とか《ＰＦＩ》という言葉があるけど知っている」と質問すると、流石に上さんも知らないようだった。

〔参考〕「ＰＰＰ」とは、パブリック・プライベイト・パートナーシップ、すなわち官民共同事業という意味である。世界的にも、広く行われている民間の活力を公共サービスに活用する手法のことである。

「ＰＦＩ」とは、プライベイト・ファイナンス・イニシアティブ、すなわち民間企業などの資金を活用して、公共サービスの施設を作り、その運営を民間に委託するというもの。ＰＦＩの一形態といわれており、わが国はすでに一九九九年（平成十一年）施行の法律で、二〇〇一年以降小泉純一郎内閣で道路関係四公団、石油公団、住宅金融公庫などを民営化し、ＰＦＩによる公共サービスの委託運営を行っている。

要するにこうした話が出てくるのは、上述の水道法による水道の経営は、原則市町村で行うという規定を変えないで、官民での協力を行えないかという発想が、基本に在るからである。

長年の間、慣行的に国家ないし公的機関が事業を行ってきたものが、A図のとおり、公益事業は殆んど民営化している。残っているのは、正に水道事業だけである。

元々、私企業で始まった電気事業が手本と成った鉄道（国鉄）をはじめ、電信電話公社や郵便事業も、民営私企業かによって、実に大きな付加価値を生み出し、しかも低廉な価格で安心・安全な事業運営を行っており、そうした民間活力とサービスの向上、及び地域社会の雇用創出に大きな役割を果たしている。

先ほどの、民間活力創出方法としてのＰＰＰやＰＦＩといった方式を、導入するのも一つの遣り方ではあるが、むしろ会社法により規定される株式会社形態によって、経営の執行と責任をより一層明確化しいくほうが、より妥当なこれからの道州制、すなわち地域社会への貢献の仕方としては、あらゆる意味で妥当であるといえる。

また、この際「水道法」を、改革するぐらいの方向でないと、本当の自主的な道州による自治政府は、成り立たないように思われる。

安倍第二次内閣は、本格的な経済活性化と新産業・新事業の創出を、海外の新興国等に積極的に展開することによって、少なくとも今後二〇二〇年までの七年間で二十兆円の付加価値を生み出したいと述べている。（報道各紙二〇一三年五月十七日）

A図 「わが国公益事業の民営化状況」

内容 / 公益事業	戦前までの旧制度	戦後の新制度	摘　要
電気事業	(1881年の発足時以来)すべて民営事業〈寡占競争〉	(1961年以来)すべて民営事業〈9電力会社発送電一貫、地域分割〉	*公営だったのは戦時中国家総動員法下の国営全国1社の日本発送電株式会社
鉄道事業	全国一律の国営事業	(1987年以来)7分割の民営鉄道(JR)会社	*電気事業を参考に、6鉄道会社に地域分割 *私営鉄道会社は、戦前から存在 *九州·四国·北海道と貨物は国家の資本ありで未上場
通信事業	全国一律の電信電話公社	(1985年以来)民営会社	*電気事業、鉄道事業を参考に東西に分割 *但し、移動体通信のみは全国一律
郵便事業	全国一律の国営事業	(2007年以来)公社を経て郵便と保険事業等を分割〈但し、全国一律〉	*電気、鉄道、通信各事業を参考に、民営分割化 *但し、国家資本により未だに運営が最後の課題
水道事業	市町村が運営	戦後も水道法により運営は市町村が行う公営事業	*民営化が今後の課題

(注)各種資料を参考に作成

新興国、特にアジア諸国で深刻な水飢饉対策に対する「水道事業の総合的な技術移転」は、正に安倍政権の上述の大型海外事業政策に、そのまま合致する内容である。とすれば、やはり本格的に民間私企業が、地域地方ぐるみで自由に活躍出来るための水道法の抜本改革がこの際必要になってくる。

（注）「水道法」の基本的条文については、巻末に添付したので、ご参考にしてもらいたい。

第三編

電気資源という柱
――発送電一貫体制維持と原発再稼動が鍵

【1】日本では電気は水や食料と同じく発祥の時から地域密着型
――電気は地元からの「低廉と信頼度だ」と強調するうちの上さん

さて、うちの上さんが、電気についても次のように述べた。

「この前あなたが書いた『発送電分離は日本国家の心臓破壊』という本が、大分売れているそうよ。特にあの本を読んだお陰で、電気という商品は普通お店で買う品物とは全く違うのね、それが判ったといって納得した友達が殆どよ」

さらに「普通の商品は、コンビニに並んでいるものも在るけど、例えば会社で品物を注文すると、工場で生産して一週間とか二週間後に商品が届くわけでしょう。だけど、電気は一瞬に売ってくれるのね……そこが、ありがたいのよ。あの本で、よく判ったという話よ」というのである。

私が次のように、付け加えた。

「そうかも知れないな。ぼくがこの間、企業経営者の人たちを対象に大学からアンケート調査をした時も、電気を買うといって（それも、殆ど無意識に）手元のスイッチを入れた途端に、一秒間に三十万Ｋｍの速さで電気という商品が届くということ。すなわち発電所で生産して、送電線を通ってスイッチＯＮしたヒトに、瞬時に間違いなく《電気（Ｋｗｈ）という商品》を届けるということ。そのことを、三人のうち一人、すなわち三割以上が、知らなかったという結果だった」

上さんが、すぐに述べた。

「みんなが、電気は水や空気と同じくすぐそばに沢山在ると思うのね。電力会社が苦心惨憺していることなど、普通は考えないものね。だけど、無くなったらそれこそ命に拘わるし、停電したりするととたんに大騒ぎになるのよ」

私が、ここは重要と思い、次のようにきちんと説明した。

「きょうのニュースによると、九州電力の瓜生道明社長が記者会見して、七月には川内と玄海の原子力発電所を運転出来るように国に申請するといっていたけど、判るな。

今では何時でも原子力発電所が動かせる状態で、スタンバイしているという訳だ。なにしろ、大地震以来もう二年間近くも停まったままだ。だから今、全部の電気がＫｗｈ当たり十五円とか二十円もする石油とか天然ガスを使った火力発電なんだ。それを、スタンバイしている原子力発電を動かして原発に変えたとたんに、燃料代だけだとＫｗｈ当たり僅かに一円、運転設備費を含んでも八円程度、すなわち半分以下にコストが下がるんだよ」

するると、うちの上さんの声のトーンが少し上がった。

「だから、あなた電気は水や食料と同じく、ぴったりと地域社会に結び付いたもの。《送電線を分離し、切り離して全国ネットワーク作りをしよう》などという発想は、絶対にダメですよ。Ｋｗｈ当たり四十円もするような、太陽光発電を強制的に電力会社に買わせるために、早く法律を改正して全国の送電線を一括管理する運営機関を作ろう、という主旨のことを盛んに言っている人たちがいるけど、そういう人たちのために分離しても、ちっとも安くなったり安全・安定になったりしないのよ」

「今度は、もっと明確に、発送電分離は断固無理だということを、はっきり書けということだね」と、引き取ったところ、さらに上さんは次のように追加した。

「その理由を、明確にみんなが納得するようにきちんと書いてということよ。例えば、水や食料と同じように、電気は地域社会の市民生活に密着していること。私たちが毎日使うパソコンも冷蔵庫も、アパートのエレベータも、それに水道も何もかも電流の流れが狂ったり、もちろん停電したりしたら大変でしょ」

最後に、次のように述べた。

「電気料金が殆ど違わないなら、九州に居る私たちが大阪とか名古屋とか東京・東北の電気会社などに、頼ろうなどとは絶対に思わないわよ。同じ会社で生産したＫｗｈという《新鮮な》商品を、使いたいと思うのよ」

私が、そうしたことに関連して、とても心配なことがあると次のように述べた。

「安倍さんの内閣が、この四月二日に閣議決定した《電力システムに関する改革方針》というのが在るんだよ‥‥それを読むと、大変なことが決定されているよ」

「それって、どんなこと？」

「この間の大震災で、すっかり原子力が減った、それが続くという前提なんだ。このため、政府としてはあっちこっちの小さな水力とか老朽火力とか、それに民主党が作ったべらぼうに高い再生可能エネルギーからの電気とかを、総動員して集めて電気を確保する、足りない分は国民に節約させる。そして、具体策は三段階に分けて、七年後の二〇二〇年までに完成するというんだ」

いったん切って、追加して述べた。

「これが重要だよ。第一段は需給が逼迫しないようにするため、さっそく法案を出して、来年を目途に新しく全国の送電網を監視監督出来る《広域系統連携機関》というのを、政府主導で作るというんだ」

上さんが「それ、まずいじゃあないの！　正に、送電線の国家支配の始まりじゃあない」というのだ。

「松永安左ヱ門が聞いたら、飛び上がる話だよ」

「やめさせること出来ないの……来年のはなしでしょう」

うちの上さんも、真剣そのものだ。

「うん、何とも。閣議決定しているからね」

そういうと、また上さんが述べた。

「夏の参議院議員選挙が終わったら、内閣改造して第三次安倍内閣が発足すると思うけど、そこでもう一度閣議決定をやり直せばいいんじゃないの。原子力が再稼動して、また経済も大きく復活するので、情勢が一変するわよ」

うちの上さんのいう通りかなと思ったが、いずれにしてもこのことは、きちんと整理しておく必要が在ろう。

このように、うちの上さんの思いは良く判ったが、しかし世の中には巨大な電力会社を機能別に分離分割すれば、仕事も経営ももっと効率的に行えると考える人たちが居る。小さな会社になれば、機能別に新規参入者も対抗出来るようになり、市場競争によって電気料金も下がるはずだというのである。

それが、正しい意見なのか、それとも電気と言う特殊な商品については、やはり適用出来ないといえるのか。これは、これからの道州制の議論にも絡んでくる大変重要な課題であるので、次に取り上げてみる。うちの上さんも、きちんと証明してよといって、賛成してくれた。

（注）平成25年4月2日閣議決定の「電力システムに関する改革方針」については、巻末に添付しておいたので参考にしていただきたい。

【2】「発送電分離」という主張の論拠

さて昨年末政府の電力改革専門委員会という、発送電分離を纏めようとする組織が活発に動き出した頃から、現在（五月末）までの約六カ月間に種々出された意見の中で、その委員会も含めて「分離が必要」という論拠を整理してみたところ、次のように概ね九項目になった。

いちいち取り上げずに、纏めて見たので中には三つぐらいの考えを例えば二つに整理しているものも在る。しかし、こうして整理してみると、電気の地域密着性は電気を消費すなわち利用している国民には、スイッチを入れることが電気という商品すなわちKwhを、その地域の電力会社から購入して使っているということであるが、発送電分離が必要だなどと考えている政治家や事業家などにとっては、「電気事業という事業からどれだけ商売が出来るか」ということに成ってしまっている…そういうように見えてくる。要するに、本当に消費者のことを考えているのだろうかという疑問が湧いてくる。

そういうことを考えながら、必要論の論拠を整理してみた。

①半世紀以上も、電気事業体制が変わらないのはおかしい。

〔説明〕

私企業であり地域独占の公益事業である電力会社が、昭和二十六年（一九五一）に発足して以来、六十年以上も全く形態が変わらず、独占的に仕事を続けているのは経済の原則から見て、全く不経済ではないのか。ほかの公益事業が全部変わっているのに、電気事業だけ特別に扱う必要は無い。地域独占というのは、「コメの配給制度」のようなものであり、早く自由取引制度にすべきだ。

②グローバルな世の中に規制改革の目玉として発送電分離が必要。

〔説明〕

安倍第二次内閣は、経済再生のために経済界の競争力を強く求めており、電気事業の発送電を分離することは、新しいベンチャー企業が参入して市場取引が盛んになるから、経済活性化の一つの鍵として大変重要である。

③再生可能エネルギー開発促進のために、送電線を分離し中立機関として活用するこ

とは欠かせない課題だ。

〔説明〕

すでに、昨年の七月から「再生可能エネルギー固定価格買取法」が施行され、毎年二五〇万KWないし三五〇万KWの再生可能エネルギーからの電気が、全国各地で作られつつある。現在送電線を独占的に管理している電力会社から、送電線を切り離さなし、そうした電気を強制的に受け入れる措置を取らなければ、再生エネルギーの促進は出来ない。

④欧米の先行例に学べ。

〔説明〕

すでに欧米では、二十年以上も前から実施済みの発送電分離を、何故日本だけ行えないのか。今まで放置して来たのが問題ではないのか。

⑤競争させれば、電気料金は下がる。

〔説明〕

今時、地域独占体制を維持しているのは、電気事業だけではないか。電力独占体制を崩して、需給を完全な自由競争に知れば、必ず電気料金は下がるはずだ。競争の無い電力会社は、どうしてもお客様不在の官僚的組織になりがちで在る。

⑥都市型スマートシティ運用時代に合わせ、電力会社も解体すべきである。

〔説明〕

都市ごとに特定電気事業者が誕生し、スマートシティの運用が行われるようになれば、他地域としとの需給調整のために、送電線の中立的運用が必要に成るので、発送電分離してもらわないといけない。

⑦地域を支配するのが電気事業という時代では無い。

〔説明〕

高度成長時代と違い、世の中はＩＴを中心にしたサービス産業の時代であり、地域地方に巨大な電力会社が在ると、その意見に従わざるを得なくなる。

その意味でも、電気事業は解体して地域地方に合致する小型の会社にする必要が在る。それが、時代の要請だ。

⑧生産・輸送・販売の分割管理が電気事業にも求められている。一貫体制になっているため、どうしても官僚的な弊害があり、それを無くす必要が在る。

〔説明〕

一般産業は、経営効率化のために事業を部門別に分割し、会社法に則り内部統制をしっかり行っている、電力会社も、法的にしっかり分離して、経営の無駄を省きながら、低廉安定な事業運営に努めるべきである。

⑨発電部門を切り離さなければ、また今回の原子力事故のようなことが起きる。その担保として、消費者を保護するため発送電分離が必要である。

〔説明〕

消費者が、地域独占的な会社からだけしか、電気を買えないようなシステムを変えることが重要である。諸外国では、発送電を分離することで、新規参入者が大きく増えた。そこが狙いではないのか。

以上のように、発送電を分離すべしという考え方が、かなり幅広く唱えられている。論理的に見える意見や、中には電気事業に対する感情論も在るようだが、今回はこれらの意見に対して、それぞれきちんと応えることが必要である。

【3】発送電分離必要論の誤解を解く

うちの上さんも、真剣に成り出した。新聞記事などは、私が見落としたものを補完して呉れている。

結論的にいえば、三つほどのポイントで説明することになる。

すなわち一つは、殆どが電気という商品の特性を見極めて居られないための誤解である。

このため、電気が配給制度になっていると誤解している。そして、全国を支配する広域的なコントロール機関を新たに作りたいというのであるが、これは逆に本格的に電気の配給制度になるということである。かつての戦時中の国営管理の場合の電力配給制度と同じことになる。これこそ危険極まりない電気の国家統制そのものを導くことになるのではないか。

二つ目は、再生可能エネルギーを無理に導入しようとすることから生じる間違った指摘である。

三つ目は、わが国がエネルギー資源が無いことを無視していること。すなわちメインの原子力発電をゼロというような政策が、間違いであることを強く訴える必要があること。公益事業である電気料金は、低廉でなければならないことが忘れられている。

そして四つ目は、これから最も重要な道州制の導入や電気事業の在り方に対する理解に欠けていることである。

以下、うちの上さんにも手伝って貰って、具体例を引きながら整理してみよう。

（1）「電気（kwh）」という商品特性が忘れられている

「電気事業も、他の産業と同じだと皆が本当にそう考えているのかしら？」

うちの上さんから、そういう疑問が出たのはよく判るとは思ったが、「考え方によるよ、公益事業と考えるかどうか」というと、上さんから厳しい質問が来た。

「そうよ。公益事業ということなのよ。電気が無いと私たち生活出来ないのよ。原子力を全部止められているでしょう。だから、止む無く電気料金の値上げをしようとしたら、未だ主任さんとか係長さんぐらいの人まで、月給を三割もカットされたそうじゃないの。可愛そうよ……それでも台風が来たりすると、何日も徹夜で仕事をしているわよ」

A表、それにB図に示したように、わが国の電気の品質は、殆んど無停電であり、すでに世界のトップクラスに成っている。何でも電気に頼る世の中になっているし、従業員の懸命な公益的使命感によって、A表の通り供給信頼度すなわち停電時間や停電回数も、同じく世界のトップクラスといえよう。

「普通の企業とは、やっぱり違うね」

すると、うちの上さんが「違うのは、それだけではないでしょう。私が言いたいのは、電気という商品（Kwh）が普通の品物とは全然違うという点よ」

なるほど、正に上さんがいう通りである。

前に出した本で特に強調したのは、次の五点だった。

＊生産と消費が同時（一瞬）→地球七周り半（三十万km／秒）の速さ

＊電気は、目に見えず匂いも無いが、触ると危険な生きたエネルギー

＊電気は備蓄不能→余分な電気が発生すると同調し危険
＊電気は同時同量→売れ残りなし、デフレ無し
＊電気は、水や食料と同じく公益的商品→誰にでも平等に提供する義務

だから、コンビニに並べてある商品とは、全く違うということである。

こういう、電気（Ｋｗｈ）という商品の特性を忘れて、一般の商品のように市場で売り買い出来るとか、あるいは発電と送電（電気の輸送）を、物理的に分離しようという発想は、どう考えてもおかしいのである。

発送電分離を主張する人たちが、こうした電気（Ｋｗｈ）という商品の特性を無視して、後で説明するとおり、とても不安定かつ送電線に逆流してくる再生可能ネルギーの電気を、受け入れるために《無理してでも》送電線を切り離そうというのは、全く問題である。無理をしてでも、電気を配給しようとしているのだ。しかも、その電気が何十年か先はともかく、現実に高価格なのである。これも後で説明するが、太陽光四十二円／Ｋｗｈ（２０１３年度三十八円）風力五十二円／Ｋｗｈというように、とても高い電気なのである。

A表　各国の電気の供給信頼度（停電時間・回数）比較

（単位：分/年）

		停電時間		停電回数	
		大嵐除く	大嵐含む	大嵐除く	大嵐含む
日　本		—	14.00	—	0.13
アメリカ	PG&E社（CA州）（注）1	197.80	216.80	1.193	1.261
	コン・エジ社（NY州）	154.20	178.00	0.13	0.23
	コモンウェルスエジソン社（IL州）	84.00	84.00	0.89	1.35
ドイツ（注）2		0.48	0.48	14.9	—
フランス		62.90	95.10	0.92	1.10
イタリア		40.00	62.00	2.26	5.05
イギリス		70.00	70.00	65.0	65.0
スウェーデン（注）3		78.90	91.90	1.32	1.33
韓　国		—	15.20	—	—
インドネシア		—	6.97	—	6.82
オーストラリア		—	258.82	—	2.09
スペイン（注）4		—	133.86	2.01	2.19

（注）2010年の年間対比。但し、（注）1及び（注）3は2011年、（注）2は2006年、（注）4は2009年の数字

（資料）海外電力調査会

B図　付図
お客様1軒当たりの年間停電回数・時間の推移(10電力計)

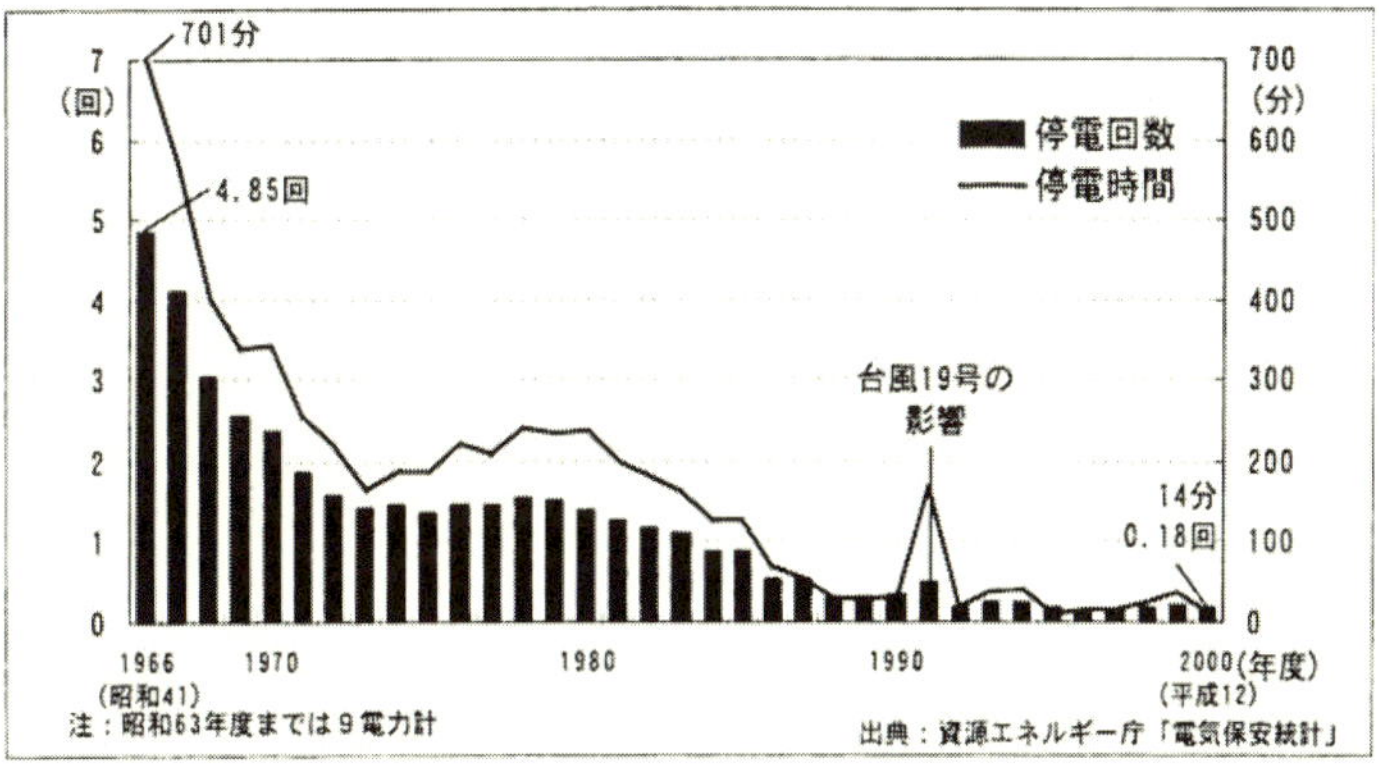

（2）再生可能エネルギーからの発電を受け入れるため
という「不都合な要請」

うちの上さんが、今年四月十四日（日）の読売新聞の「太陽光発電、電力会社の壁」と題する記事を持ってきてくれた。「計画頓挫、各地で相次ぐ」「送電線網の接続拒否」「想定を超える工事費用」というような副題が付いていた。

中味を読んでいると、公益財団法人・自然エネルギー財団というところが、アンケート調査したところ、太陽光発電を巡って、大手電力会社が所有する送配電網との接続が障害となり、計画が頓挫するケースが相次いでいることが、この調査で分ったというのである。

再生可能エネルギー開発特別措置法による、電力会社は申し込みが在った場合、電力会社は自分の送電線に再生可能エネルギー会社からの、例えば「太陽光発電の電気を繋いでもらい」といえば接続の義務がある。そして電気を買い取り、去年動かした発電所だと四十二円／Ｋｗｈで買い取る義務がある。

ところが、電力会社が仮りに接続すると、送電線の受け入れ許容量をを越えてしまうと言うような理由で、接続を拒否しているというのである。あるいは、太陽光発電所の場所から送電線までの距離が長かったり、山岳地帯で迂回設備になったりして、建設工事を断念したところもあるという。

そして同じ記事に、次のような重要なことが載っていた。この調査をした公益法人・自然エネルギー財団と言うのはソフトバンクグループオーナーの孫正義代表が設立したもので、スエーデンの元エネルギー庁長官が理事長を努めていること。そして、同財団の真野秀太上級研究員のコメントとして、次のような発言が掲載されていた。

「接続可否の判断や工事費の妥当性を第三者機関がチェックする仕組みが必要ではないか。発送電分離を含めた構造改革を進めないと、再生エネの普及が阻害されてしまう」

正直にいって、これが本来エネルギー資源の無いわが国の実態なのである。元々太陽光発電とか、風力発電とかが（ほんのごく一部の場所を除けば）一般的にどこにでも成り立つはずは無いのである。都会から遠く離れた過疎地帯に、発電効率も十数％と低く、かつ小容量の電源サイトが在ったとしても、基本的に輸送コストが膨大になる。国が認定した太陽光四十二円／Ｋｗｈとか五十二円／Ｋｗｈの買取価格は、未だ都会に近い採算が合う場所だろう。それでも、現在の家庭用電気料金約二十四円／Ｋｗｈの二倍近い価格であるから、電力会社はその高い電気を買い取らされても、原子力発電の電気八円／Ｋｗｈで薄めない限り、買い取らされた高い太陽光や風力発電のコストは埋められない。

誰でも自由に発電所を作って、電気を自由に売れるようにすれば、経済活動が盛んになから実に良いことだというのは、正に机上の論理である。発電所を作る設備投資は行なえるだろうが、問題は燃料代は安く調達出来るのかということになる。発電の燃料は、石油、天然ガス、石炭などの化石燃料か原子力がメインである。あるいは、太陽光や風力である。どう考えても、一億人以上の日本人を賄う電気の生産コストが、自由競争によってメリットが生じるという理由が判らない。こういうような、偽りのことを喧伝してはいけない。現在の電気事業システムは、公益事業を執行するために極めて重要かつ必要な制度であり、既得権益でも何でもない不易なものである。本当に消費者国民に役立つ電気の自由な取り引きは、現行システムでも十分可能である。発送電を分離することは、海外の事例を見ても判るとおり、混乱を招くだけである。

だから、先ほどの財団の担当者が嘆くのは良く判るが、それは発送電を分離しても解決が付く話では無い。寧ろ民主党政権時代にこんな無謀な「固定価格買取制度」まで作って、決して採算も取れないような正に、不都合な《夢のような計画》を現実にベンチャー事業者に吹き込んだ、政治の責任こそ問題なのである。

(3) 欧米で失敗済みの発送電分離
――日本に持ち込もうとする愚

すでに二十年以上も前に、発送電分離は実施されている。だから、日本にだけ遣らないというのは、グローバルな市場経済が叫ばれているときに、絶対に遣らないと諸外国に嘲笑される・・・と言うほどの高ぶった発言が、「発送電分離信奉者」から、未だに聞かれるようである。

しかし、こういう人たちは、本当に国民と消費者と国民のことを思って発言しているのだろうか。そんなことは、到底頭に無いとしか思えない。

その証拠を、是非ご覧いただきたい。第12図は、昨年七月資源エネルギー庁が、正式に発表しているドイツの家庭用電気料金の推移図である。

これを見ると、次の二つのことが図表の説明として書いてある。

＊一つは、「ドイツの家庭用電気料金は上昇傾向にある」ということ。例えば六年前（2006年）の十九・四六ユーロセント／Kwhに対し、現在（2011年）は、二八％増の二十四・九五ユーロセント／Kwhになっている。

＊二つには、「電気料金の変動は、発電・送配電・販売費の変動が主な要因。その背景に、一次エネルギー価格の変動が影響している」と述べている。

要するに、具体的には述べていないが、どう考えても十年前以上にドイツが、発送電の分離を行った効果は「全く出ていない」と言うことは明らかである。

しかも、この表を作成し発表した資源エネルギー庁の役人は、「一次エネルギー価格の変動」と述べているが、毎年度の図表の変化を見ると、電気料金値上げの主因は「再生エネルギー賦課金と付加価値税」であることが分る。太陽光発電や風力発電の買取価格が大きく影響していることは間違いない。

要するに、発送電分離の効果など、消費者すなわち国民は全く享受していないということである。

他の国も、未だに発送電分離したから料金が下がったとか、供給信頼度が上がったなどという話はない。

第 12 図　ドイツの家庭用電気料金の推移

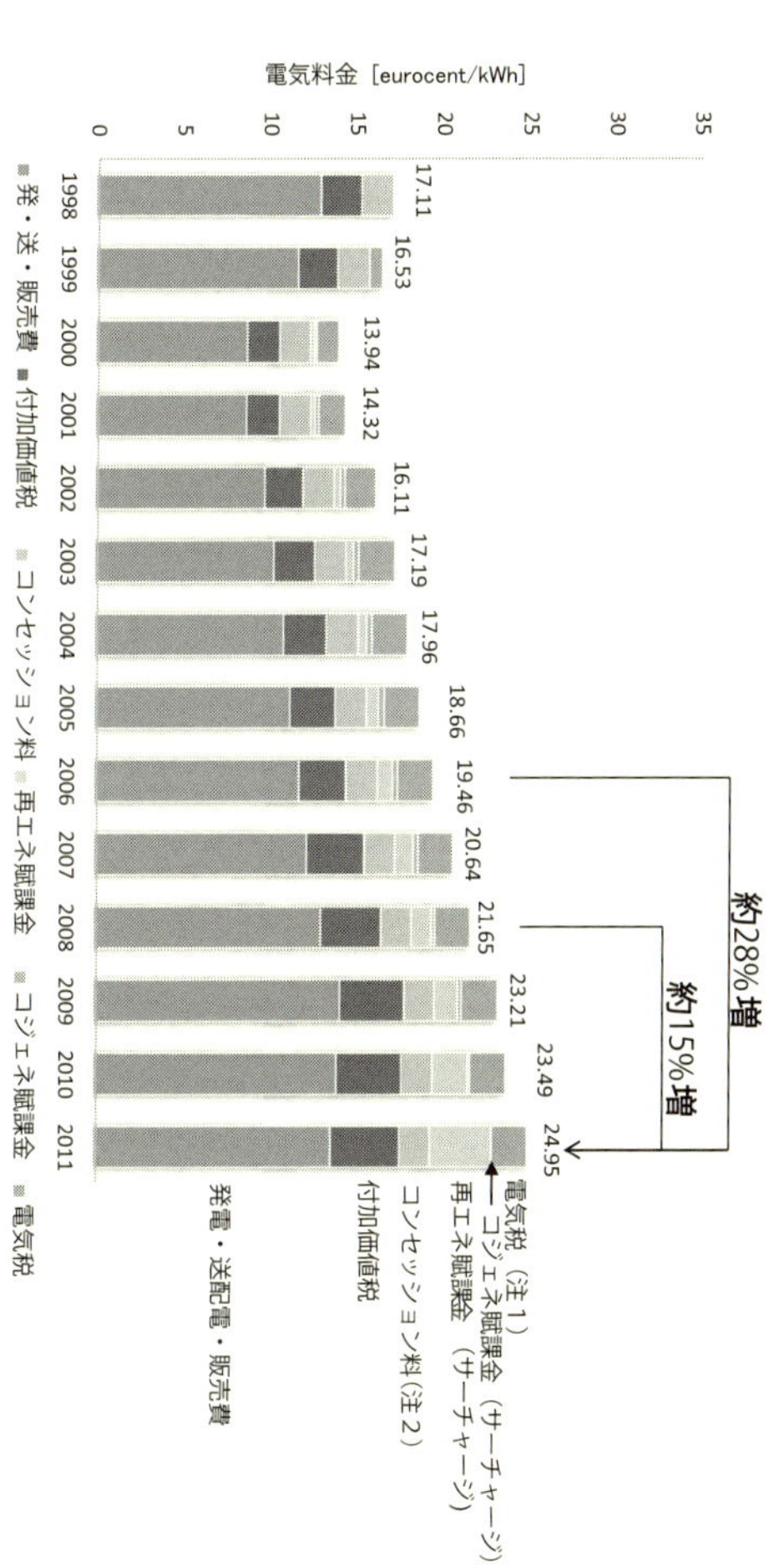

出典：BDEW (Federal Association of the Energy and Water Industries) の資料"Erneuerbare Energien und das EEG: Zahlen, Fakten, Grafiken (2011)"より資源エネルギー庁作成。
（注 1）電気税(Stromsteuergesetz(StromStG))：環境税制改革の一環として 1999年から導入されている税。
（注 2）コンセッション料 (Konzessionsabgabe) 水道事業やガス事業と同様に、公道の上または下を用いて設備の建設・運用を行う場合に、地方自治体に対して支払われるもの。

（資料）資源エネルギー庁ホームページより

したがって、欧米が行っていないのに、日本だけが行わないのは可笑しいのではなく、そうした先進諸国を失敗談を踏まえて、分離等遣らないと早々に決めることこそ重要なことである。

それに是非とも、急峻な地形の日本と、比較的平坦な土地柄の欧米との違いを考えてもらいたい。ノーベル賞作家の川端康成の小説「雪国」に在る「国境の長いトンネルを抜けると雪国であった」という文を思い出しても判る。日本の地勢と地形は、僅かに距離が五キロか十キロでも違えば、急変するのである。工業化が進めば進むほど、細長い日本列島の地勢や地形の違いを、全国一律にコントロールしようとすると、その対策費だけでも、何十倍ものコストが掛る。経済界に対してはもちろん、それは国民全員に多大な負担を強いることになるのである。

（4）スマートシティを目指す特定電気事業者の役割
――一般電気事業者の系統一貫体制が重要

先頃新聞情報等で、三井物産など不動産業界など中心になって、首都圏における特定電気事業者となり、発電から送電変電配電事業と電気の消費者への販売まで、そっくり一般の電力会社が行っている事業と、同じことを行う計画をしているとの報道があった。サービス産業が中心の時代であり、安定供給すなわち供給信頼度と電気料金の低廉性が保たれれば、きっと実現されるものと思われる。スマートシティ構想も、そうしたアイディアを取り入れていくだろう。

この場合、上記の特定電気事業者が受け持つ電気（Ｋｗｈ）の供給量は、どのくらいになるだろうか。

私のラフな推計では、多分三〇％程度では無いかと思われる。すなわち、各地域の首都圏の人口は概ね三割だろう。その三割の住民（事務所や工場と住宅）に対し、特定電気事業者が供給する電気（Ｋｗｈ）の割合は、五〇％から七〇％程度では無いだろうか。残りは、矢張り今までの一般電気事業者に依存せざるを得ない。

とすれば、首都圏以外の約七〇％の分と特定電気事業者が供給責任を持つ一五％以外の、合計八五％分は、矢張り従来の電力会社が責任を持つことになる。

このような地域内の役割分担などの課題を含め、今後とも発送電の系統一貫体制を持つ地域別電力会社の役割は、ますます重要になっていくと考えられる。

ここまで述べたところ、うちの上さんが、相変わらず鋭い質問をして来た。

「この本は、道州制の重要性を書いているのじゃ無かったの？」

「その積もりだけど・・・・」

「だったら、道州制と発送電一貫体制の話とが、どのように結び付くのか、それを取り上げないと意味が無いということにならないの」

ずばり、その通りである。以下その説明に移ろう。

【4】道州制に絶対必要な発送電一貫体制

（1）道州制に最も危険な発送電分離論
——危ない！閣議決定内容

「あなた、先ほどもはなしたけど、道州制とは中央政府すなわち国家行政に支配されない自治政府が在ると言うことでしょう。そうすうと、発送電が分離されて、中央政府が全国の送電線を《広域運営》と言うような名目で、コントロールし出したらどういうことになるの？」

「それは、問題ですよ」

「たかが、民間電力会社の送電線の話といって、放っておくわけにはいかないでしょう」

うちの上さんも、その意味が判るらしく真剣である。

「その通りだよ。今やコンピューターからあらゆるセキュリティシステムまで、全て電気によって制御されている。電気を支配すれば、国家を支配出来る時代。だから、自治を行なおうとする道州政府から、電気が国家支配に抜け落ちたら、全ては国に支配されることと同じことになると思うよ」

私がそう説明すると、彼女の声のオクターブが少し上がった。

「では、今何が問題なのか、具体的に教えてよ」

そこで、①四月二日の閣議決定内容の危険性
②閣議決定の再吟味必要→法案審議の中止
③エネルギー政策の再検討→エネルギー改革基本法の重要性
の順に、取り上げることとする。

（2）四月一日の閣議決定内容の危険性

この本の末尾に、この閣議決定の内容を付けておいたので、参考にして貰いたいが、さっと読むと流石に官僚が造った文章は洗練されていて、しかも二〇二〇年、すなわち七年後に完成すると書いてあるから、相当先だ。多分状況の変化も在るだろう。日本もすっかり原発事故のトラウマが抜け、世界中で低廉安定な原発が動き出した。或いは、中国からの大気汚染ＰＭ２・５がどんどんひどくなって、地球環境問題に繋がる化石燃料の石油・石炭・天然ガスは大きく抑制、やはり原子力しか無いと」いう世の中になっているかも知れない。

時間があるから、心配要らない……と、思うだろう。

だが、この立派な文書に騙されてはいけない。

もっとも危険なのは、「改革プログラム」と書いてあるスケジュールの「第一弾」である。

第一弾の文章を、そのまま以下に述べてみる。

〔第一段階〕

広域系統運営機関の確立

平成25年（2013年）通常国会には、昨今の電力の需給ひっ迫状況の改善等に資するよう、広域系統運営機関の制度の創設を中心とした法律案を先行的に提出する。広域系統運用機関は、平成27年（2015年）を目途とする。

また、段階的かつ確実に改革を進めるため、本法案の附則に、以下2、の電気の小売業への参入の全面自由化に係る制度、以下3、の送配電部門の中立性の一層の確保に係る制度及び電気の小売料金の全面自由化に係る制度を構築するために必要な法律案を提出する時期やその実施時期をプログラム規定として措置する。

（注）ちなみに、「第二段階：電気の小売業への参入の全面自由化」は、平成28年（2016年）を目途に、また「第三段階：法的分離による送配電部門の中立性の一層の確保、電気の小売料金の全面自由化」は、平成32年（2020年）を目途にというスケジュールである。

うちの上さんが、先ず述べた。

「電力会社の広域運営という言葉は、もう相当に前から聞いていましたよ。昔あなたがお世話になっていた九州電力の副社長だった田中進さん、あの方は若い頃電力中央協議会とか言うところで仕事をなさっていて、電気の広域運営をされていたとおっしゃっていなかったかしら」

「もう、何十年も昔の話だけど、広域運営と言う言葉を聞くと東電の社長だった木川田一隆さんのことを、思い出すなあー。確か、広域運営と言う言葉を創ったのはこのヒトだし、《全部の電力会社が集まって、自主的に行おう》という提案だったね。もちろん、先ほどの安左ヱ門さんの思想だった」

うちの上さんのいう通りで、まさに《地域社会》に電気の供給責任を持っている電力会社が、自主的に行うことが重要であった。その後今日まで相当に変遷を経ているが、この広域運営は各電力会社の身に付いたノウハウであり、スキルである。

それを、今回どさくさに紛れて、そのノウハウを政府国家が取り上げようというのである。そして、役人が独占して一挙に「電気供給の仕方を、各電力会社に指令出来るようにする」、すなわち、「電気の配給制度」を新設しようというのが、正にこの第一段階である。

その法案が、役所の手元ですでに準備され、この国会に出す順番を待っているというところまで来ている。この六月末での国会に法案が提出され衆議院で可決されそう

な動きでもあるともいわれる。（六月九日新聞各紙の情報による）

（3）閣議決定の再吟味→第一段階法案中止

しかし、安倍首相も是非再考して頂きたい。この法案は、最も危険な電気の国家支配に導く《危険極まりない入り口》であることを、認識して貰い、是非とも「民間電気事業者の責任を持った自主的な広域運営という原則」を貫いてもらいたい。

現行電気事業法および、十一年前に成立した「エネルギー政策基本法」の精神は、あくまで各地方自治体においては、各地の一般電気事業者である各電力会社の自主的な安定供給の責務と努力に、効果的な電源確保などに自治体が懸命に協力していく「責務」があり、むしろ中央政府は地方のことは地方に任せるべしという考え方が確立されてきている。

元々この法案は、一昨年三月未だ民主党政権の野田首相が「原発ゼロ」を目途に「再生可能エネルギーをメインに据える」という基本方針の基に、そのような政策を何としても強引に進めたいとして、伊藤元重東大教授を委員長に据えて始まった、通商産業省の「電力改革専門委員会」の答申が基になっている。

それから、ちょうど一年を掛けて十回程度会合を開き、慌てて昨年末に答申案を纏めて、ちょうど政権交代をした安倍内閣に今年二月に答申書を、前政権の委員長が提出するということを行った、異例の答申が基になっている。

政権は変わっても、国家の基本政策はもちろん変わらないほうが、国民は安心だし国家社会は安定すると思う。だが、今回の政権交代は、全くいい加減だった民主党政権に対して、国民が「ノー」と言って、考え方も政策の遣り方も大きく異なる自民党を中心とした政権に変えたのである。

特に、今回の場合「脱原発」を前面に出して、自らのマニフェストに書いて選挙を行った民主党他の政党は、左翼政党を含めて惨敗している。それなのに、国民の意向とは違う趣旨で組み立てられた電力改革専門委員会の答申を、新たな自民党中心の内閣が、殆どそのままの内容で、今回の「閣議決定」をしてしまったのは、どう考えてもおかしい。おかしいと思わないほうが、おかしい。

伊藤委員長以下のメンバーの中に、電力の専門家が居ない。議事録を見ると時々、オブザバーという形で、電力会社の役員が技術的な課題等を説明はさせられているが、意見をいうことは出来なかった。

電気（Ｋｗｈ）という商品は、すでにこの本で相当くどく述べてきたように、普通の商品とは違う。しかも電力会社の仕事は、誰にでも何処にでも、公平にかつ安定安全に供給しなければならない、国民の命に係る「公益事業」である。そういう事業の根幹に係る改革に関する委員会に、その専門家が入っていないで出来上がったペーパーは、欠陥商品といわれても仕方が無い。

すでに、民主党政権では無いのだから、早々にこの閣議決定文章を破棄し、新規に専門家による委員会を立ち上げ、新しい地方の時代にマッチするというような真っ当な電気事業の在り方を、纏めていただきたい。

その折、是非とも原子力発電を止めると言い切って、その対案として民主党の内閣が進めてきた「再生可能エネルギーの固定価格買取制度」という、飛んでのない競争無視で、電力会社に強制的に生産した電気を買い取らせるという法律を凍結するか、廃止するようにしてもらいたいと思う。

そうでないと、その固定価格は家庭用電気料金の二倍近い高価な電気だから、作ればば作るほど自動的に、先ほどのドイツの実績で示したように、電気料金が高くなっていくことになる。

高くなった電気料金を、小売が自由化されたからと言って、消費者が今までの電力会社から特定電気事業者などに他の会社に乗り換えようとする時、果たして今までよりも安いところが見つけられるかどうかは、疑問である。理由は、いうまでもなく、ドイツなどと違って日本の場合、基本的にはエネルギー資源を国内に殆ど持っていないからだ。それを忘れては、成り立たない。

エネルギー資源の無いわが国である。前政権の志向が、「脱原発」という極端なトラウマ的な施策は問題外として、むしろ大災害を含む国家非常事態というようなわが国全体が即時協力をして、危機を脱却しなくては成らないような事態はどうするか。

こうした非常事態に対応した緊急対策は、もちろん電気だけの問題では無いが、「需給逼迫かでの地域別の需給調整」を考えなくてはならない。

しかしこの場合も、中央政府が一方的に地方自治体や民間電力会社の公益的責務を無視して、緊急対策を決定し主導するのではなく、各地域の官民リーダーと合議する協議体が要る。

（4）エネルギー政策の再検討→エネルギー政策基本法の重要性

今、安倍内閣の元で、日本の若いリーダーがどんどん育っているようである。そういう人たちに、是非戦前戦後のわが国が歩んできた、エネルギー政策、特に電気事業の役割と、この事業を公益事業と考えあくまで民間人の力で推し進めてきた歴史の遺産を、是非真面目に学んでもらいたいと思う。

エリートの方々には、釈迦に説法と言われるかも知れない。だが、同じくエネルギー政策を実践も含めて追及して来た者の一人として、次の三つのことだけは、是非忘れないでもらいたいと思う。それは、日本という国に生を受けたものとして、この国の子孫の人たちが末永く幸福で居て貰いたいと思うからである。

第一に、この国にはどう考えても、自活出来るエネルギー資源が無いということの自覚である。この本で述べている三本柱の他の二つ、「水」と「食料」は在るし何とかなる。だが、特に「電気（Ｋｗｈ）」の元と成るエネルギー源が無い。歴史的にいろいろ、侵略しただの侵略されただのといわれるが、元を正せば全て、私たちの先輩も日本人のエネルギー資源、ことの他電気（Ｋｗｈ）の元と成る資源を求めて智恵を絞ってきた。

その結果、地球環境問題の解決も含めて、無い資源だがこれを日本人のイノベーションの力とエンジアリング（匠の技術）で研究開発して行けば、きっと日本人の本格的「電力資源」になると思ったのが、正に《原子力》の平和利用と言うことであった。稼働率七〇％以上、ウランの燃料単価一円／Ｋｗｈ。使用済みウランを再生できればプルトニュームとして、連続して使用できる。正に、夢の電気の再生産が出来る。日本のリーダーたちはそう思ったし、私は今でもこれしか無いと思っている。間もなく世の中は、宇宙時代が遣ってくる。ひょっとしたら、その端緒を進める地球人の雄姿を観れるかも知れないと期待している。

そうしたことも考えながら、何としてもトラウマを乗り越えて、若いリーダーの方々が世の中を乗り切ってもらいたいと思う。

未だに、トラウマ的な感覚で、夢の原子炉を実現しようと、世界に先駆けて真剣に頑張っている「もんじゅ」を廃炉にしようなどという専門家や政治家が居る。飛んでも無い話である。日本はかつて四百年前、キリスト教の感化を恐れて鎖国を行ない、このため近代化に遅れ、追い付くのに苦労をした。今また二十一世紀の初頭、放射能を異常なほど恐れて、原子力利用の鎖国をしようとしている（海外がどんどん原子力活用に進んでいるのに…であるる)。これから何十年間かが経って、しまったと日本人が気付いた時はすでに全く手遅れである。

第二には、電気（Ｋｗｈ）の製品特性を十分に承知した上で、日本と言う特殊な地勢条件の下では、この商品の生産と消費は地域別に分散してきめ細かく、誰にでも低廉かつ安定的に使えるように、事業経営を行ってきたこと。それを、是非実践して貰いたいのである。

何故か。その最大に理由は、電気を押さえれば国家を抑えることが可能だからだ。一つしかない電気という品物は、すでに日本人の電化率が平均三割に達しているからだ。国家と中央政府によって、配給制度のようになりこれがコントロールされるということは、独裁政治の暴走を生む危険性が大きい。

第三は、電気事業に携わる人材を、是非散逸させないように育成していく必要が在るということである。国家や地方の公務員では無いが、公益事業という使命感に燃えて、宮沢賢治の詩のように、雨の日も風の日も体を厭わず、電気（Ｋｗｈ）の火を消さないように努めている従業員は、使命感の塊である。そうでなければ、若い従業員が三割給料カットの中で、懸命にそれぞれの役割と任務に一心同体となって働くことは難しい。

一つの業務に、最低十年の経験が必要といわれる電気（Ｋｗｈ）を生産・輸送・販売するスキルを身に付けた従業員が、日本経済と社会の土台を支えていることを、是非とも忘れないでいただきたい。

（注）電気事業者の発車から送電・変電・配電のそれぞれの部門の従業員が、公益事業の使命を果たすためにどのような技術技能や管理能力を訓練させせられるかについては、著者の「発送電分離は日本国家の心臓破壊」（財界研究所）に詳しく述べているので参考にしていただきたい。

特にアベノミクスの第三の矢である成長戦略の一つに、原子力発電の海外輸出が強調されていることとの関連で、電気事業に携わる人材の重要性を指摘しておきたい。すでに、ベトナムをはじめ東南アジア諸国やサウジアラビア等中東諸国、トルコや東欧諸国などからも、わが国のメーカーに対し原子力発電設備の輸入を求めてきており、安倍晋三首相をはじめ政府首脳も、民間企業に積極的に協力する方向である。しかし、設備が輸出されかつ多くの海外諸国に原子力発電所が出来上っても、それを安全かつ安定的に稼動される運転技術者やマネジメントの出来る人材が育っていなければ、宝の持ち腐れになる。発電した電気が安定的に工場や家庭に届かなければ意味が無いし、電気料金もきちんと微収出来なければならない。このようなきめ細かい一種の公益的サービス事業こそ重要であり、わが国の電気の信頼度を高めてきた特技なのである。こうしたことを考えれば、現在のような、地域別に責任を持った発送配電の系統一貫体制で、効率的かつ地域の事情を総合して判断出来る電気事業体制で訓練されている人材が育っていることは、実に必要かつ重要なことである。

こうしたことを踏まえて、ここではもう一度今回の原子力の事故が起きる前に、取り纏められ、今での法律として生きている平成十四年（二〇〇二）に施行された「エネルギー政策基本法」を、是非とも改めて熟読玩味して貰いたい。

僅か十四条に亘る法律であるが、簡潔に政府の役割から地方自治体の責務や、電気事業者、国民それぞれの責務が、きちんと述べてある。

是非とも、この精神に戻って今後のわが国の電力改革を改めてまとめてもらいたいと思う。
（注）エネルギー政策基本法は、この本の巻末に添付する。

（5）「エネルギー政策基本法」に明示した道州自治体の責務

上述に述べた十一年前に策定のエネルギー政策基本法には、国家中央政府と地方自治体政府の役割を明確に区分している。

それは、言うまでも無く、徐々に固まりつつあった「道州制」を地方の時代における重要な砦として、例えば原子力発電の立地地点の選択をはじめ「道州自治政府」に、系統一貫体制の地域電力会社と一体となって、重要な役割分担をして貰う積もりだったと思う。

今その法律の「地方公共団体の責務」と題する第六条の条文を取り挙げて見ると、以下のように明確である。

『地方公共団体は、基本方針にのっとり、エネルギーの需給に関し、国の施策に準じて施策を講ずるとともに、その区域の実情に応じた施策を策定し、及び実施する責務を有する。
2　地方公共団体は、エネルギーの使用に当たっては、エネルギーの使用による環境への負荷の低減に資する物品を使用すること等により、環境への負荷の低減に努めなければならない』

「やっぱり、こういう義務と言うか責務が自治体の首長にあるということは、道州制になった場合、もっと重要に成ってきますね」

「その通りだと思うよ」
するとうちの上さんがまた述べた。

「仮に九州府が出来て、例えばですよ・・・蒲島先生のような人が、まじめに九州府の首長をやろうとするでしょう。その時、全国の送電線を一括管理するような組織が出来ていて、そこから『今年の夏は九州から何％関東に持って行くから、電力会社等と相談せよ』などと指令されたらどうなるの？」
蒲島郁夫知事は、ご夫婦揃って熊本であり夫婦で付き合っている。彼は、熊本を州府にすることをマニフェストに謳っている。

「蒲島先生も面白くないだろうし、命令が嫌いな私企業の人たちは、地方のことは地方に任せてくれと怒るだろうね」

「そうでしょうね。そうだとしたら、絶対に発送電分離の閣議決定は止めてもらいたいですね」

「矢張り、水と電気と食料については、地方政治の根幹であることを、もっと言い続けないといけないね」

うちの上さんは、鋭い。

「去年、あなたとハンガリー、チェコ、スロバキアそれにオーストリアを訪問したでしょう。あの時、オーストリア以外は、全部なにしろコストが安いので、原子力が一番だと言っていましたね」

「そうだね。家庭用の電気料金が、日本の大体半分だった。原子力の無いオーストリアだけは、今現在原子力を全部止めさせられている日本の電気料金とほぼ同じく、先ほどの東欧参加国の二倍近い状態だよ」
（注）第7表に、それを示して置いたのでご参考にして頂きたい。
「そうでしょう。早く原発を動かさないといけないのよ。それに、考えてみて。大体

先ほどの東欧三国というのは、それぞれ国家とはいえ殆ど私たちが住んでいる九州と比較すると、余り変わらないぐらいよ。だから、これからは原子力を動かすかどうかとかいうことも含めて、九州府のトップの判断で当然遣って貰いたいですね」

「いちいち、中央政府が口を出すことでは無いね」

「むしろ、EU委員会指令のような、国家の暴走を喰い止める制度の無いわが国では、地方自治州政府が、例えば電気の配給制度のようなことを中央政治がしようとした時、その動きに毅然として、待ったを掛けることが出来るような権限を与える必要が在ると思う」

こうして、結論が出たので、私たちの話は、三本柱の最後の「食料資源という柱」に移る。

第７表　東欧・オーストリアの電気料金（家庭用）比較

	年次	電気料金	備　　考
チェコ	2009	16円/kWh	（ドゥコバニ原子力 176万kW(44×4)) （テメリン原子力 200万kW(100×2))
ハンガリー	2007	16円/kWh	（バクシュ原子力 191万kW((44プラスα)×4))
スロバキア	2007	17円/kWh	（ボフニツェ原子力 176万kW(44×4)) （モホフツェ原子力 88万kW(44×2))
ポーランド	2008	17円/kWh	石炭設備比率：86%
オーストリア	2009	24円/kWh	（注）原子力、その他資源無し

（資料）海外電力調査会

（説明）

東欧のチェコ、ハンガリー、スロバキア、ポーランドの家庭用電気料金はいずれも日本の４割安、オーストリアは日本並。

これは、チェコ、ハンガリー、スロバキアがいずれも原子力発電所を持っていること、ポーランドは石炭比率が極端に高いことによると思われる。

第四編 食料資源という柱
――六次化のための自治州独自のヒト創りが鍵

【1】《食料資源》づくりと農業再生

①何が問題なのか

食料すなわち農業が、水資源と密接に結び付いていることは、いうまでもない。すでにそのことは、第二編の水資源のところで、うちの上さんからも指摘され十分意識して来たところである。もちろん、稲作を中心とした農業の水利用すなわち農業用水は、電気の生産、すなわち発電とも水利権をめぐって大いに関係が在る。なお、水利権の問題についていては、第二編の「水質源という柱」の中で、中西準子教授の文献などを基に、詳しく説明しておいたので、ご参考にしていただきたい。

ところで、またうちの上さんがとても貴重な新聞記事を持ってきてくれた。

安倍首相が五月十七日、日本アカデミアというところで講演した要旨だが、翌日の殆どの朝刊がトップ記事で報じていた。安倍政権の経済成長戦略第二弾というところだろう。日本が世界で勝つための具体的行動を数字で示すというのである。

水資源のところでも取り上げたが、海外について「トップセールス、戦略的な経済協力、国際標準の獲得など新しい『インフラシステム輸出戦略』を打ちたて、現在の十兆円のセールスを二〇二〇年までに三倍の三十兆円まで拡大していく(以下略)」(読売新聞二〇一三年五月十八日)と述べている。

一方農業については、「攻めの農林水産業」という中で、次のような項目を取り上げている。

＊世界の食市場が十年後に二倍→国別・品目別目標立て輸出を二倍の一兆円へ。
＊一兆円の売上を、六次産業化を十年で十兆円にする。
＊新ビジネスモデル構築→生産者に公的ファンドで支援。
＊農地の構造改革を確実に遣り上げる→農地の集約なくして生産性向上なし。
＊都道府県で公的「農地集約バンク」設置→農地所有者から農地借受けし、集約して民間企業など担い手に貸与（農地の貸付スキーム構築)。

＊棚田など中山間地域農業の水害防止等多面的機能に対する直接支援制度創設。
＊官邸に首相を本部長とする「農林水産業・地域活力創造本部」を設ける。
「とにかく、安倍さんは大変な熱の入れようですね」と、うちの上さんが述べた。「でも、本当にこんなに巧くいくのかしら？」

勇ましいけど、突然農業が復活するなどと、本当かと言うのである。

「まあー、あのくらい威勢がよく無いと、皆が本気にしないと思っているんじゃないの」

「じゃー、やっぱり本気じゃないってこと？」

「そうじゃーなくて、安倍さんは本気なんだと思うよ」

まだ納得しないようだから、少し具体的に話してみた。

「橋本和仁っていう先生、知っているだろう。あの、熊本大学の谷口 功学長と仲の良い方だよ」

「あの方、去年あなたが小宮山 宏さんと一緒にやっている研究会のシンポジウムで、日本の農業問題を取り纏めて発表してちょうだいってお願いした方ね」

うちの上さんが、土、日にしょっちゅう電話していたので、去年のことだが、覚えていたようである。

「去年の今頃は、TPP賛成とか、反対の教授とかいろいろ呼んで勉強していたけど、橋本さんは元々化学が専門だから嫌がっていたけど…．例の安倍晋三さんの産業競争力会議のメンバーになってから、めきめき勉強して、今や相当ないろんな意味で権威者になってらっしゃると思うよ」

するとうちの上さんに催促された。

「それで、その安部さんの競争力会議の内容について、橋本さんから何か聞きだしたの？」

「そんなこと、出来るわけ無いよ」

「じゃー、何で橋本さんの話が出るの」

「いや、そうじゃあなくて、とにかく僕も一昨年ぐらいからずーっと、橋本さんなどと一緒に農業を勉強しているけど、世界の農業問題も日本の農業問題も難しいってことだよ」

「難しいって、何がですか」

「要するに、どういう切り口で取り上げるかによって、課題と言うか問題点が違ってくるということ」

「分った。じゃあ私から、この点を教えてって言えばよいの」

　上さんがそういうから、どうぞと言った。

「私、安倍さんが農地を国が集約して借り上げ、それを農業を遣りたい人に纏めて委託すると、昨日の講演で話したようだけど、農地って使ってもいないのに、そんな大変なことなの？それとももう一つ、あなたが今取り上げている、食糧問題は土地と結び付いているから、水や電気と同じく国が指示するのではなく、地方に任せなさいという理由です」

「判った、その二つだね。でも、何故そうしなければならないかから始めるので、少し説明が長くなるよ」
（注）なお、農業問題については、拙著「発送電分離は日本国家の心臓破壊」（財界研究所発行）でも取り上げているので、参考にして頂きたい。

②日本の食料問題は今どう進んでいるのか
——九万㌶の耕作してない農地の再生

「農地法というのは、もう出来てから六十年以上も経っているそうよ」

もちろん、うちの上さんのはなしである。

その通り。わが国の農地法は、六十一年前すなわち半世紀以上昔の昭和二十七年（一九五二）に制定されたが、その後平成の世の中になって何回か改正されている。

言うまでも無く、小さな農地を持っている人たちが農業では生活できないから、実際にはそういう「農家」の人たちが田んぼをどんどん放棄して、いくようになった。そこでその代わり国から生活できるように補償金を出す制度を、先ず作った。これが「耕作放棄農地」で、現在積もり積もって、四万ヘクタール（滋賀県と同じぐらいの大きさ）にも成っている。

うちの上さんが「その中には、私の知り合いの鈴木さん（仮名）のお宅で、庭先にほんの少し耕しているけど、その九割ぐらいは何も作っていない畑が在るのよ。そういうところも入っているのかしら？」という。

それは、カウントされていない。それをカウントすると、実際に何も作らないで現に空いている農地が、さらに先ほどの耕作放棄農地と同じぐらい在る。

すなわち、福岡県と滋賀県を足したぐらい、もっと極端に言えば北陸地方の石川、富山の両県がそっくり「空き地」になっているということである。

「安倍さんが、新経済成長戦略の第一番目に『農業再生』で、生産額を十年後に今の一兆円から十兆円（十倍）に増やすと宣言（五月十八日）したのは、そういうことなの」

この上さんの反応に対して、つい意見した。

「でも、そう簡単では無いよ」

どうしてと聞かれたので、次の三点を説明した。なお、基礎データとして現在農林水産省が発表している耕作面積、農業就業人口などの推移を第六表に掲げておいたので、ご参考にしていただきたい。

第一に、耕作放棄地（約四万《ヘクタル》）と先ほどの鈴木さんのように不耕作地（約五万《ヘクタル》）合計九万《ヘクタル》は一、二《ヘクタル》のところが殆どで、これが全国に虫食い状態に約十万カ所にもなって存在すること↓これを専門用語で「分《ぶん》散《さん》錯《さく》圃《ほ》」というが、こうした放棄地ないし不耕作地を、纏めるのは全部別々に所有者が居るので簡単では無い。

第二に、本当に誰がどのように所有しているかの実態が、殆ど掴めていない。↓すでに農林水産省は、分散錯圃地の実態を各地の農業委員会に命じて、今年度中に調査を完了するようになっているが、実際の作業は余り進んでいない。

その理由は、高齢化した所有者が相手であり（相続も曖昧になっているなど）、各地の自治体も農業委員会も確認するのに、苦労しているため本当のことが不明という。

第三に、放棄地などを集約しても、それを借り受け新たな農家（主として農業生産法人）に貸し付ける条件が、整っていない。

↓前述したとおり、安倍首相は、五月十七日の日本アカデミアでの講演で、生産性を向上するには農地の集約しか無いとして、「都道府県段階で、農地の中間的な受け皿機関を創設する。『農地集積バンク』とも呼ぶべきものだ」と発言。この公的な機構が「農地所有者から農地を借り受けて、農業の担い手に纏まったかたちで貸し付ける」という発表をしている。

（注）農地の生産性は、その耕作面積と関係する。耕作面積の推移は、前掲第5表のとおりであるが、ついでに農林水産省が出している海外諸国との比較を第8表に出しておいた。

問題は、どのくらいの価格で貸し付けるかという話だが、これはそう簡単では無い。

第８表　１戸当たり農地面積の国際比較

	農家１戸当たりの農地面積	日本との比較
日本（2007年）	1.83ha	―
米国（2007年）	181.7ha	99倍
EU（2005年）	16.9ha	9倍
豪州（2005年）	3,407.9ha	1,862倍

資料：農林水産省「農業構造動態調査」、米国農務省資料、欧州委員会資料、豪州農業資源経済局資料

注：日本の数値は、販売農家１戸当たりの経営耕地面積

③問題は何か→農地を所有者が手放さない

うちの上さんが、述べた。

「一体、放棄しているものを、こうまで親切に面倒をみて、纏めて貸すだの何だのということをしなくてはならないのは、どうしてなの？」

「そこが、根本問題なんだけど、厄介なんだ」

「どうして・・・・」というので、改めて整理して述べたことを書き留めると次のようになる。

※最大の問題は、先ほど述べた六十一年前に制定された「農地法」の中に次の条文が在るためである。（平成二十年の改正法による）

「この法律で『農地』とは、耕作の目的に供される土地をいう（以下略）第二条」とし、また「（農地は）地域における貴重な資源であることにがんがみ、耕作者自らによる農地の所有者が果たしてくいている重要な役割を踏まえつつ、農地を農地以外のものにすることを規制する（以下略）」と規定しているためである。

この条文は、今から五年前に、この法律の第二条に新たに設けられた「農業生産法人」に、上記の「農地の所有者」に耕作を委託（貸付）ることを、正式に奨励することにする、そういう目的に合うように、ぎりぎりの農地の所有者との協議の結果纏めたものである。

以前の法律の条文には「農地の耕作者で無ければ、農地は所有出来ない」とはっきり謳ってあった。それは、終戦後ＧＨＱの命令で、軍閥に結び付くような大地主（不在地主）から、土地を取り上げるという、正に世界でも珍しい土地所有形態の変更を一方的に行ったことに起因している。

全国の七百万所帯にも及ぶ農業小作人は、タダ同然で農地を手に入れたのである。だから、簡単に自分の所有地を手放すはずが無い。

しかし経済の近代化が始まると、狭い土地を耕すだけでは生活が成り立たない。次第に、農家の人たちがサラリーマン化していく。

だが、農地の転用で宅地化が進みだすと、自分の土地の価値価格が何十倍にもなる可能性があるという値上がり期待が在って、ますます土地を離さない。どんな過疎地でも、殆どが六十一年前に国が農地法で所有権を保証してくれた土地（天から授かったもの）は、手放すのは祖先に申し訳ないという心情的な気持ちも在る。

よって、平成二十年（二〇〇八）には、新たに「食料・農業・農村基本法」という法律まで作って、農業改革を推進しようとした。先ほどの農地法が改正された時である。だが、回りくどい条文になっても「農地はあくまで耕作している者の所有物」となっている以上は、どうにも成らない。

しかし、この大問題をクリアーしなければ、日本の本格的な農業再生は結局中途半端になるだろうと考える。

今、安倍内閣はそれでも全国十万カ所もの「分散錯圃」を何とかしなければと思い立ったが、最後は多分農地法の完全な改廃まで行かないと、とても十年後に生産を十倍にまですることは無理だろう。

うちの上さんも、食糧問題の主体である農業および農地の所有と、その運用の実態について、漸く理解したようである。

（注）農地法の本書に関係する重要条文は、巻末の資料に示しておいた。

【2】農地の姿を知る仕事は国家大では無理

①農地処理は土地の性質を知る必要がある
――やはり、国家大の中央集権的方策では困難

私自身が曽祖父の代まで、農家だったので都会の方よりも、かなり農業というものの本質を理解できると思っている。うちの上さんにその話をした。すると彼女から、さっそく次のような質問が出た。

「判るけど、あなた自身が農業を遣ったわけでは無いでしょう」

「もちろん、そうだよ。だけど、生まれた時から田んぼの側で育ち、お百姓さんの遣っていることを、四季それぞれに学校の授業としても手伝わされたりしたことから、食糧生産の大変さ、難しさはよく判っている積もりだよ」

さらに、述べた。

「たまたま就職した会社の最初の勤務場所が、福島県の猪苗代湖の在る所だった。発電所に勤務したこともあり、お百姓さんから水を貰わなければならない。田んぼに毎日水を引いて監視しながら、一年間苦労している様子が、この時もよく一緒に教えて

貰ったよ」

「では、一体何が食料を生産する農家にとって重要なの？」

うちの上さんの質問は、真に的確である。

「一言でいえば、その土地の《性質》を知ることかなと思うね」

「もっと、具体的に話して」


そこで、より具体的に次のように説明した。

第一に、それぞれの地域の地勢を知る必要が在ること。

同じ日本でも日本列島は、少なくとも北海道から沖縄まで二千ｋｍはある。だから、同じモンスーン地帯に在るわが国も、春夏秋冬の時期の違い、梅雨や台風や季節風などの気候の違いは微妙である。食料を作る農業という事業の対応は、いくらＩＴの世の中になっても、データに基づき相当なシミュレーションは出来るものの、体で覚えた「匠のエンジニアリング」でなければ、対応できないものがある。

この点、電気という商品が同品質（Ｋｗｈ）のものを一瞬にして作り続けるのとは、その内容も品物も全く違うか、ただ一つ「他人任せには絶対に出来ない」という点は、全く同じである。

第二に、食料作りは「水と土」を知らなければ成り立たないこと。「水」については、すでに第二編で述べたところであるが、水の流れ方と水質は、全国千差万別である。よって、その水を含んだ「土」は、また先ほどの「地勢」とも関連して、これまた千差万物である。

農家は、その双方を現実の食糧生産に結び付けて、毎日の農業を行う必要が在る。

このように、地方地域でなければ、農業は判断できないし成り立たない事業であることが、明白である。

この点は、海外の例を引きながらでは、決して学べない正に日本の地域地方に密着した独自のことである。

第三に、農地の所有者が農地法の制定以来、変わらないこと。

第13図は、日本と海外諸国の農業人口と耕作面積の推移を比較したものだが、外国に対し日本では農地は減っているが、農業人口は余り減っていない。また第14図は、地域別の農業従事者の老齢化の状況である。

老齢化は、何故起きているのか。

第 13 図　日本と海外諸国の農業人口・耕作面積

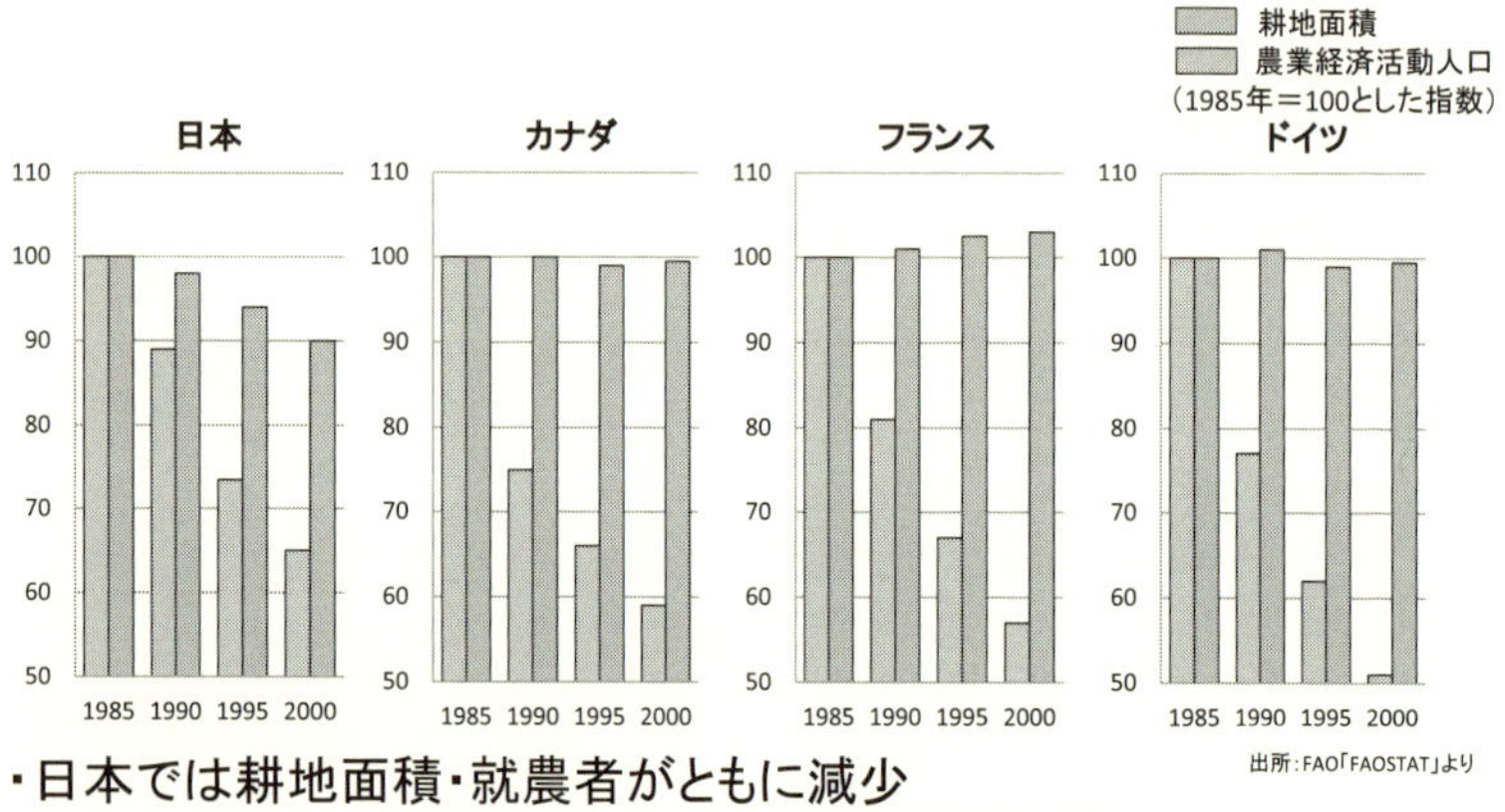

・日本では耕地面積・就農者がともに減少
・他の先進国：就農者は減少、しかし耕地面積は維持

⇨ （耕地面積）/（就農者数）： 日本　<< 他の先進国

原因：農地集約、企業参入などの障壁の差

第14図　わが国農業就業者の老齢化状況

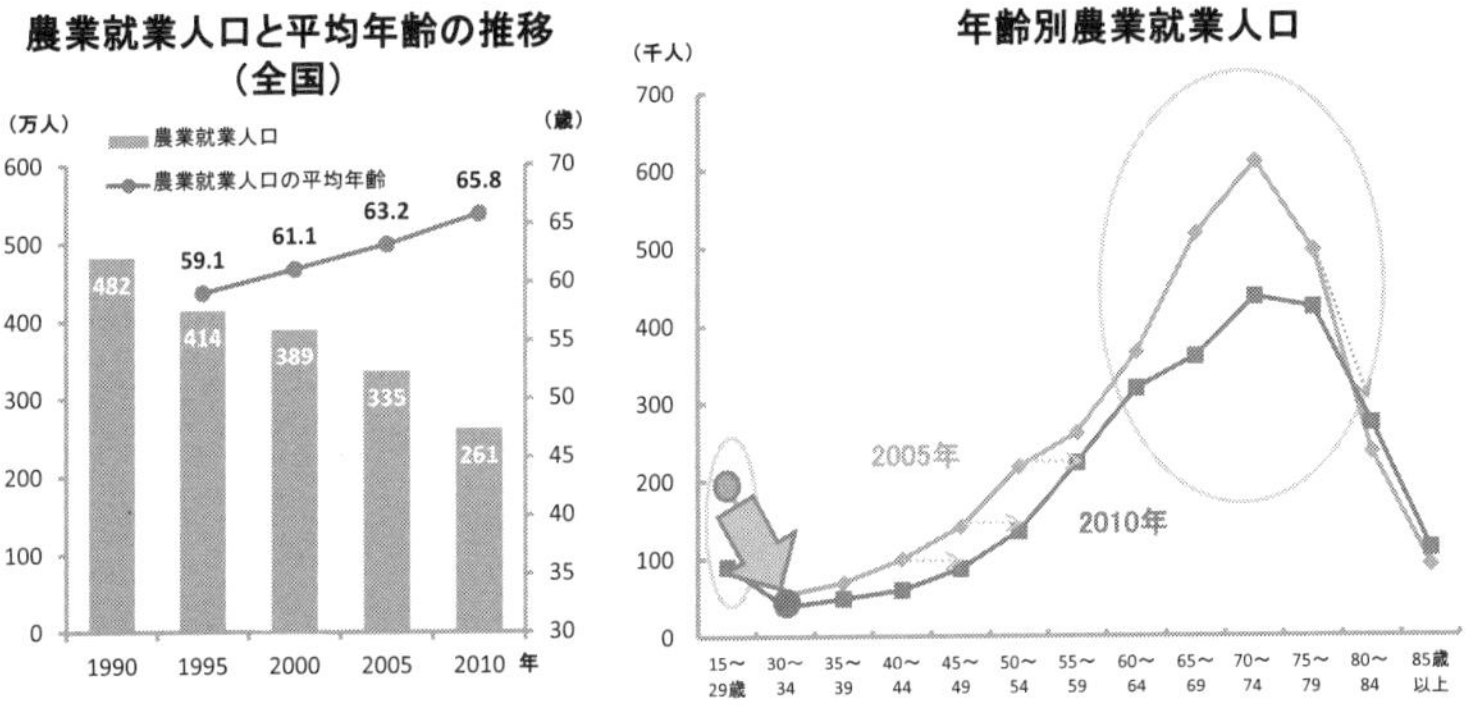

資料：農林水産省「2010年世界農林業センサス」より作成

・この20年で就業人口は半数近くに減少
・従事者の平均年齢は、2年に1歳の割合で高齢化
・若年層の新規就農者が著しく減少、離農割合も極めて高い

それは、少なくとも農地法制定から六十一年間、その所有者が変わらず、しかも「事業として成り立たない」、その宿命を背負っているからであって、「農業」が業として成り立つように、農地法の大改定をしなければ解決できないことである。

しかもこれを見ても判る通り、地域地方の老齢化の状況は、違いが在るのでこれまた上述のことと合わせて、地方個別に判断がより必要である。少なくとも、有意の若者によるリーダーを新規に農業の担い手として育成することが求められる。

結論的に言えば、食料資源を生み出す「農業」は、あくまで中央国家は道作りは必要だが、具体的な行動については地方地域にそれぞれ任せなければ出来ないのである。同時に、そのための農地法という基本法の抜本改定と、人材育成が何としても重要であろう。

②土地を知り農業を再生出来るのは「人」
——匠の技術を持つ人づくり

上述の通り、「食料資源」を担務する公益事業の重要な一つである「農業」は、すでに述べた「水資源」「電気資源」と同じく、これから早急に立ち上がる《道州制》の極めて重要な三本柱の一つとして、重視していく必要が在る。

どんな事業も、結局は人間が行うものであるから、農業という事業も全く同じである。

人づくりは、今や時代の変わり目において、あらゆる事業でまた、あらゆる場所場面で重要性が指摘され、取り上げられている。学校と言う教育の場でも、極めて喫緊の課題として取り上げられている。

アベノミクスの基本に置いても「世界に勝てる大学改革」という提言をなじめ、全ては人だという意識が漲っている。

しかし、人づくりは、具体的にはそれぞれの事業に結び付いたものである。

したがって、「水資源」「電気資源」「食料資源」についても、それぞれの資源つくりの場において、具体化していく課題でなくてはならない。

よって、中央の方針は、あくまで具体的な現場の人づくりのためのインセンティブになることは、極めて重要であるが、それこそ具体策については道州の自治政府における重要な課題と位置づけて置くべきと思う。

うちの上さんが、頷きながら述べた。

「この間から、あなたが雑誌で紹介し始めた、とても素敵な農業のリーダーがいたでしょう」

「それは、鹿児島の大隅半島志布志の農業法人の坂上　隆さんのことかな」

「そう、《株式会社さかうえ》というんじゃなかったの？」

「そうだね」

「あの人、偉いわよ。未だ四十四歳でしょう。うちの息子より若いのにね。全国で売上も一位という話でしょう。何が、成功に導いているのかしら」

すでに、「株式会社さかうえ」のことについては、この前の「発送電分離は日本国家の心臓破壊」（財界研究所発行）の中でも取り上げている。また、第二編の「水資源という柱」の中でもすでに一部紹介したところであるが、坂上社長は、次の三つを経営者としてしっかり持っている、すなわち軸足がきちっとしていることが素晴らしい。

第一に、哲学をもっていること

第二に、経済として農業が成り立つこと
第三に、環境の維持発展にマッチしていること

正に、こういうことを身に付けていくこと、それを経営者として従業員にしっかりと教え込むこと、それこそが「農業の匠の技術」だと考える。

以下具体的に紹介しよう。

「哲学」とは、農業を今の時代に進めることが、地域社会に役立ち雇用の維持にもなり、わが国の重要な公益事業として、自分がリーダーとしてやらねばならないという、使命感を持っていることである。そいう使命感がなければ、農業と言う事業は成り立たないと、坂上社長ははっきり述べてくれた。

「経済」と言うのは、事業である以上経営が経済的に成り立たなければ、意味がない。そのため、農業と言う事業を始めるに当たって、彼はしっかりと市場の調査をしている。また、出荷先も、しっかりと確保している。主要商品のケール、馬鈴薯、ピーマン、キャベツ、ネギなどの販売先と受注目標を超短期に想定し上、三七〇の分散錯圃

合計一五〇ヘクタール（裏作が在るので、実質の借地は九十ヘクタール）を、それぞれの農地所有者から借り受け、受託生産することとした。創業七年目、現在、すでに四十九名（男性三十八、女性十一）平均年齢四十二・九歳の人材を確保し、年間二億七千万円の売上と一千万円近い利益を確保している。

非常に重要なことは、ＩＴを十二分に活用しているということである。農業は、現場に行くのに他の事業と違って、必ず現場に出勤しなければ仕事にならないのである。

事務所に居てはもちろん、工場の機械によって生産物を生み出し、商品として売り出すようなものでは無い。あくまで、毎日植物の育ち具合を監視し、収穫して市場に売り出すことによって、生活に役立つ商品になるのである。したがって、分散錯穂の現場に到達して見廻るのに、労働時間の三割を使うことになる。

このため、坂上社長は現場の育成具合をすでに十年間に亘って温度センサーなども取り付け、仔細に品種ごとにまた場所ごとに、ＩＴを活用して記録しており、それを活用して現場での従業員の滞在時間などを、大幅にカットして、経営効率向上の実践に努めていることを、特に指摘しておきたい。

第三は、「環境」の維持発展にマッチしたことの重要性であるが、坂上社長は「自らの農業が、二つの環境問題に貢献しなければならない」ということを踏まえて、事業を推進していく方針を立てている。

一つは、正に広大な十万カ所の分散錯圃地が、美しい日本の国土の中に存在している状態を、早々に解消していくこと。それが、豊かな農村を取り戻すことになる。そういう方針に基づき、事業を着実に進めていることである。

二つには、有効に「水」と「電気」を使って、分散錯穂の形を、緑の農園に変えることが地球環境に大いに貢献するというのが、自分の大きな使命だとしている点である。

こうした、基本的な経営理念の基に行われている「株式会社さかうえ」を、わざわざ紹介したのは、この坂上社長のような有能な人材を是非とも生み出さなければ、農業という公益事業の発展は、結局は掛け声だけになってしまうのでは無いだろうか。人づくりが、あくまで基本のよう思われる。

そうして、こうした仕事こそ、矢張り中央政府では行えない、正に道州自治政府の仕事であろう。

第五編

アベノミクス成功の秘訣
――原発への熱意と再生エネ買取法の改廃が鍵

【1】アベノミクスと道州三本柱の活用効果

うちの上さんとの会話も、いよいよ結びに近くなった。

「それで安倍晋三さんのアベノミクスは成功するのかしら。是非成功してもらいたいけど」

それに応じて、私は次のように応じた。

「なにしろ、師匠の小泉純一郎さん譲りで、思いっ切りがいいからね。今言っている消費税を予定通り実行して、財政を先ずしっかりする必要が在るね。その上で、吉川洋先生が言うように《イノベーション》を、テクノロジーとサンエンスを総動員して、日本ブランドを構築すること、要するに経済成長を生み出すことだよ」

「吉川先生って、あの小宮山先生のＴＭ研究会にも入って下さっている方でしょう。それに、以前この方の『ケインズ』という著書を、新聞に紹介していたんじゃなかったの？」
「そう、あれはいい本だったね。本人も、小宮山さんから初めて褒められたといって、笑っておられたのを覚えているよ」

このような彼女との会話の通り、ドイツの例を引きながら吉川教授が主張する通り、人口は減っても経済成長をする国が生き残るだろう。

それを私は、日本の場合も地方の時代に、結び付けねばならないと思っている。成熟社会のＩＴとグローバリゼーションの世の中での文化的価値観は、益々地域社会と結び付き、それぞれの個人を中心とした消費経済が多角化していく。

この要請を支えるのが、何と言っても豊かな美味しい「水資源」と「食料資源」と、それを満足させる低廉で良質な「電気資源」という、それぞれの地域の三本柱であると思う。

水資源は、余剰になってきている農業用水と工業用水を中心に、「活水」の概念を取り入れ、それを如何に「渇水」で悩むアジア諸国に活用出来るか。水道法の改正を軸に、民間活力を大いに生かす工夫が、道州自治政府に求められる。

電気資源は、いうまでも無くわが国が核の平和利用に徹しながら、半世紀以上に亘り、世界最高の水準に技術技能を高めてきた原子力発電を、震災による事故のトラウマから早々に脱出して、ウエイトを減らすのではなく、如何に高めていけるかに懸っている。電気（Ｋｗｈ）と言う特殊な商品を、地域社会に生かしていくのは、発送電の一貫した事業運営でしか行えない。

食料資源は、六十一年前のこれまた不問に付してきた農地所有権の移転について、維新的発想で終止符を打ち、同時に真の農業を《業》として成り立たせることが出来るのは、同じく道州自治政府の最も重要な役割の一つである。

この本で、述べてきたのは、こうした三つの資源が地域社会を支えていくということである。

もちろん中央政府は、是非ともわが国全体の国家安全、政治・経済外交、国土防衛、非常事態対策など、全体社会の維持発展をリードするという、大きな目標を追及してもらいたい。

これに対し、地方地域は上記三つの基本資源を総動員して、ドイツと同じように地方地域を充実させることによって、国家全体を成長させていく必要が在る。

【2】アベノミクスは原発活用が鍵
——不可能（夢）を可能にする力学

今安倍政権の人気は、正に不可能と思われる夢を可能に出来る、力をもった《クールな男》というイメージが段々に付いて来ている。

日銀を動かし、経済を甦らせようとしている。最悪の状態に成りつつあった、近隣諸国との外交と米国との同盟関係復活を、ＴＰＰや北朝鮮との奥の手の交渉によって前進させつつある。財政規律の維持も、経済回復と消費税の予定通りの実行によって勧めることが出来る。

後はもう一つの矢、経済成長の本格的推進である。しかし、このところ国民の殆どから、《クールな男》といわれ出した安倍首相が、『夢』を実現させねばならないのが、三本目の矢の先に在る「原発活用」というマトである。

中国はすでに二十二基の原発が動いているが、加えてこの五年以内に五十六基を動かすべく建設中である。アジア全体で十年以内にその中国を含め、少なくとも百基近い原発が稼動する。

わが国は五十四基四千八百万ＫＷを稼動し、さらに十年以内に六千万ＫＷする予定だった。それが、あの巨大な千年に一度と言う未曾有の地震と津波の大災害で、何でも無い原発が全部止まってしまった。民意を動かす、情報と言う政治の力は恐ろしい。

誰も触れたがらないが、災害に遭遇した福島第一原子力地点には、現実に六基の原子力発電所が在る。被害を受けたのは、一号基から四号基までだ。皮肉にも、この四つは言ってみれば完全にアメリカ製である。ところが、その横には、五号基と六号機のいずれも純日本製の七十八万四千ＫＷ、二基合計百五十八万八千ＫＷの原発が、殆ど無傷で在るにも拘らず停止のままである。

今の地元の方々のトラウマでは、どうしようもない。だが逆転の発想で考えてみれば、あの大地震津波に巻き込まれながらも、厳然として耐えることが出来た証拠の方を、どうしてマスコミもそして政治家も、またこういう立派な原発を造ったメーカーも、専門家もそして当の東京電力も言わないのだろうか。

外国の専門家や政治家が、むしろ日本の技術、テクノロジーとサイエンスの凄さを直視し、原子力発電の購入を契約しようとしている。すでに、昨年にはベトナムが、そしてトルコやサウジアラビア、それに今日（五月二十一日）の新聞だとインドからもオファーが在り、近々首脳会談で合意するという。

《クールな男》安倍首相に期待したいのは、原子力「活用」という《夢》の実現である。どんなエネルギー源よりも最も安く安全に作れる技術と技能を持っていると評価して呉れている、海外諸国のそれこそ「クール」な目を、日本国民自信が、マスコミを含め信じることである。

株価高騰と裏腹に、円安となり電気料金を始めエネルギーコストの上昇に困惑する産業界と国民である。今こそ、不可能と思われる夢を、可能にするための《力学》が必要である。

それを最も《クールな男》安倍首相が、見抜きこれしか無いと「原発活用」の夢を決断することが、いわばアベノミクスの長期的成功の鍵ではなかろうか。

どうやら、うちの上さんも納得して呉れたようだ。

「この間、リンカーンという映画を観たわ。歴史に残った意味が良く判った。そうね、安倍さんが是非勇気を奮って、トラウマに掛かっている人たちの目を覚まさせ、日本人を未来と世界に向け真の発展のイノベーションを誘引するのは、原発活用を本気で宣言したときですね」

「もちろん、《水・電気・食》の三本柱に支えられた道州制の実現も、しっかりと頼みたいですね」

上さんが最後に、しかし‥‥といった。

「しかし、選挙の後の内閣改造で、一段落すると後が続かなくなるのでは、と言うことかね」

私が、彼女のしかしを引き取って、そう述べるともう一度、上さんの口が開いた。

そして「しかし」とまたいった。

「大丈夫でしょう。もはや自民党も石破茂さんとか、林芳正さんとか、石原伸晃さん、さらに小泉進次郎さんとか沢山若手の、しっかりした人たちが中心になって、安倍さんを支えて呉れると思うよ」

「それなら、安心ね」

序だけど、といって上さんが述べた。

「そういえば、あなたの秘書の廣田さんは、林芳正さんと同じ下関の出身だとか言わなかった？」

「その話、聞いたことがあるな。何でも彼女の祖父は、戦時中ラバウルの司令官だった今村均大将の部下だった廣田明少将だ。今でも下関に古風な実家があるそうだよ」

自分から言い出しておいて、追い討ちが来た。

「それより、あなた早く纏めてね」

【3】再生エネ固定買取制度の改廃がもう一つの鍵

①不都合な新聞記事の話

もう一つ、最後に大変重要なことがあるよと、うちの上さんが、今朝の新聞を持ってきて述べた。

「あなた、今朝のこの新聞記事は未だ見ていないの」

見ると、二面のトップに「ニュース《わからん》」と題する、図解入りの目立つ解説記事である。題は「発送電分離って何をするの？」というのであり、タイトルには、大きく《発電と送電を別会社にし、自然エネルギーを後押しする》と書いて在った。

そうして、第１５図（当該新聞記事からその儘転載）のように、今まで電力会社（一般電気事業者）から買っていた電気を、小売が全部家庭まで自由にどこからでも買えるように、もう直ぐなる。そうなると、太陽光や風力等を事業とする発電会社からも、選択して自由に買えるようになる。

だから、一方的に今までのように一つの会社からしか、電気が買えないのではなく自由に電気が買えるというメリットがある。複数の会社が競争するので、電気が安くなる、と説明してあった。

なぜ発送電を分離するのかという説明では、今まではどうしても電力会社の送電線を借りなくては成らない。今度電力会社の発電と送電を分離して別会社に独立させれば、今までのように自分の会社の発電だけでなく、独立させた送電会社は、どこの会社からも「公平に競争させて」電気を扱うようになる、という説明である。

また、この仕事は三つの段階に分けて行われる。第一段階は二〇一五年（来年）「各

第15図　マスコミの発送電分離説明の仕方
（世論誘導の一つの例）

2013年5月18日（土）朝日新聞　朝刊

ニュースがわからん

発送電分離《はっそうでんぶんり》って何をするの？

発電《はつでん》と送電《そうでん》を別会社にし、自然エネルギーを後押しする

アウルさん　電力会社に「発送電分離」をさせるって聞いたけど、なに？

Ａ　今は地域の電力会社が送電線を持ち、電気を家庭や企業に送っている。この送電線を管理・運営する部門を別会社に切り離すんだ。政府は2018～20年をめどに分けようと、今国会に電気事業法の改正案を出した。

ア　なぜ分離するの？

Ａ　太陽光や風力のような自然エネルギーで発電する会社ができても、電力会社の送電線を借りなければならない。送配電を別の会社にして、電力会社も新しい発電会社も公平に競い合えるようにするんだ。

ア　なぜ、今なの？

Ａ　東京電力福島第一原発事故が起き、原発に頼ったり、電力会社に頼ったりする仕組みを見直そうという意見が強まったからだ。発電と送電を分離して、自然エネルギー発電を増やしていくことになった。

ア　発送電分離だけでうまくいくのかしら？

Ａ　発送電分離は3段階で進める「電力自由化」の一つなんだ。まず15年をめどに各地の電力会社が余った電気を送り合えるよう調整する「広域系統運用機関」をつくる。次に、今は家庭や商店に電気を売るのは電力会社に限られているのを、16年をめどに新しい発電会社も売れるようにする。最後が発送電分離だ。

ア　家庭のメリットは？

Ａ　たとえば、関東に住んでいても、東電ではなく、中部電力や自然エネルギー会社から電気を買える。複数の発電会社に競争させれば、料金が安くなることが期待できる。

ア　問題はないの？

Ａ　欧米では1990年代から自由化が進んだ。米カリフォルニア州では発電会社の経営が傾き、大停電が起きた。英国では一部の電力会社しか生き残れず、逆に料金を上げた。こうした問題への対策も課題だ。

（藤崎麻里）

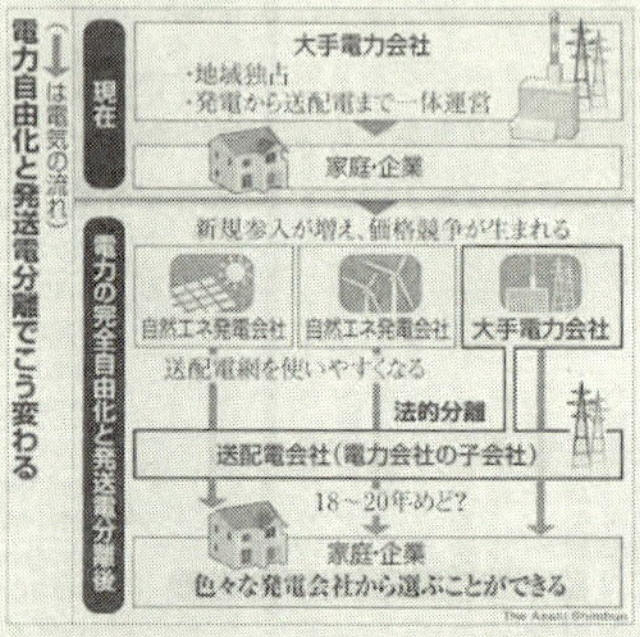

2013・5・13

■質問のテーマを募っています。http://www.asahi.com/sns/wakaran/

地の電力会社が余った電気を送り合えるように、調整する『広域系統ウン今日機関』を作る」↓こうして送電線の条件を整えた上で、第二段階は二〇一六年を目途に、「新しい自然エネルギー発電会社も自由に電気を販売できるようにする」↓最後が法律で（法的に）「発送電分離」することだ。

大体以上のように、説明して在る。

それに最後には、さらに用心深く「問題は無いか？」という質問項目を作って↓アメリカでの大停電とか発電会社の経営破たん、イギリスでは電力会社は多く倒産して電気料金が上がったので、「こうした問題への対応も課題だ」と説明させていた。

一見、とても親切に見える解説記事だが、最後の「問題は無いか」というところを除いて、殆んど一般の読者には「自由競争になれば、電気が安くなる」との解説を受けて、「発送電分離」賛成となるのではないか。

よって、ここではこういう解説が、非常に問題であることを、以下の四点から説明していきたい。その上で、決して電気料金など下がらず上昇する仕組みが、「再生可能エネルギーの固定価格買取制度」であること。それに、こうした自然エネルギー電力会社ならの《不規則不安定な電気》の送電線への流入は、品目がひとつしか無い「電気（Ｋｗｈ）という特殊な商品」全体の品質を、著しく低下させる→正に新聞の解説にある、欧米ですでに発生しているような問題が発生すること。よって、この法律の早々の改廃を述べることとする。

②電気（Ｋｗｈ）という商品は、一般の商品とは全く違い地域密着型

この本でも、すでに説明してところだが、改めて纏めてわかり易く述べる。

第一に、「電気」のことを、私が敢えて《Ｋｗｈ》と書くのは、この商品が発電所から生産物として出てきても、「見えない」「匂いも無い」「一瞬に消費される」「触ると命に係る危険物」という特殊性を備えているからである。コンビニやスーパーなどに売っている生産物（商品）とは、全く違うこと。

第二に、電気（Ｋｗｈ）と言う商品の生産から消費までの時間は、光の速さとほぼ同じく、一秒間に三十万ｋｍで動くイオン原子の生きたエネルギー。スイッチを捻ったとたんに消費される。溜めて置けない電気は、もし消費出来ないと、放電するしか無いので、全く危険。

第三に、この生きたイオン原子エネルギーは、猛烈なスピードで送電線に乗って輸送されるため、輸送中に空気の抵抗で摩擦熱を起こし、輸送距離が長いと消滅してしまう。↓専門用語では「電気のロス」という。

よって、発電が少量の場合、せいぜい数十キロしか輸送出来ない。それにも拘わらず誰にでも公平に、要請通りに電気（Ｋｗｈ）を届けなければならないという公益事業だから、正に、電気は《地域密着型》でなければ、その役目は果たせないのである。全国の電力会社の送電線を、強制的に繋いで、余った電気を上手に配分しようなどという解説が、先ほどの新聞に書いてあったが、溜めて置けない電気は、遠くへは送れないので、正に《地域地方でしか使えない特産物》だと理解して置かないといけない。

③自然エネルギー発電会社の電気は、高コストで不規則不安定

先ほどの新聞の解説のよる図解では、「自然エネルギー発電会社」（絵では、太陽光とか風力になっている）は、東京電力とか関西電力とか九州電力と言うような一般の電力会社からの電気と、競争して家庭や工場やオフィスに電気が販売されるので、如何にも安くなるように書いてある、

だが、これは大変な誤解である。何故なら、第９表に示したように、この自然エネ

第９表　2012年度の再生可能エネルギー電源別固定価格買取条件一覧

電　源	買　取　区　分	買取価格（税込、円／ｋＷｈ）	買取期間（年）
太陽光	10ｋＷ未満（余剰買取を継続）	42	10
	10ｋＷ以上	42	20
風　力	20ｋＷ未満	57.75	20
	20ｋＷ以上	23.1	20
水　力	200ｋＷ未満	35.7	20
	200ｋＷ以上、1,000ｋＷ未満	30.45	20
	1,000ｋＷ以上、30,000ｋＷ未満	25.2	20
バイオ	木質バイオマス（リサイクル木材）	13.65	20
	廃棄物系（木質以外）バイオマス一般	17.85	20
	木質バイオマス一般（含 輸入チップ、ＰＫＳ）	25.2	20
	木質バイオマス（未利用木材）	33.6	20
	メタン発酵ガス化バイオマス	40.95	20
地　熱	15,000ｋＷ未満	42	15
	15,000ｋＷ以上	27.3	15

（資料）政府（経済産業省）のホームページより

（注）2013年度の太陽光発電の買取価格は、38円/kWhとなっている。

ルギー発電会社の電気は、全て太陽光なら電力会社に強制的に買い取って貰う電気（Ｋｗｈ）と同じように、コストがとても高いのである。例えば、一般家庭用だと現在（原子力を使っていなくても）、電力会社によって少し違いはあるが、おおむねＫｗｈ当たり二十四円程度である。ところが、この表に見られるように、こうした自然エネルギー発電会社が、「自分で売れなかった余剰の電気」は、放電できないので強制的に東電とか関電とか九電に、引き取らせる（電気を強制的に卸売りする）ことになっている。

だから、強制的に引き取らされて電力会社は備蓄出来ない商品だから、先ほどから説明するように、誰かに必ず売らないといけない。（すでに、電気料金の領収書の「再生エネ賦課金」という項目で、一般家庭などの太陽光発電等の料金が自動的に加算されている）

だが、それだけでは無い。むしろそうした自然エネルギー発電会社の商売は、電気をみんなの家庭や工場等に売ることである。そうすると、こうした発電会社の販売価格が、余ったものを買い取って貰う電気卸価格よりも、普通の経営感覚から言えば、高く売らないと、利益は出てこないはずである。

だから、競争するようになるから、電気料金が安くなるという話は、在りえないのである。この真実を、是非知っておいて貰いたい。

しかも、自然エネルギー発電会社の電気は、とても不安定である。例えば、太陽光なら、太陽が出ている時しか発電出来ない。風力発電の場合は、風が吹かない時は、発電できないし、現在の技術では秒速十五メートル以上の風が吹くときは、発電出来ない。単に風が吹けばよいというものでは無い。いずれも、年間の発電効率は、せいぜい一〇%か一五%、もしも将来技術が発達しても、日本では二〇%になれば良いほうだといわれている。

すると、こうした発電会社から、電気を買うということは、とても不安定だということになる。後の八〇%前後の電気（Ｋｗｈ）は、むしろ安定的な今まで通りの電力会社から、電気を購入することになる。しかも、多分このほうが、電気が安く安全安定ということではないだろうか。

④原子力発電の電気との格差は実に大きい

電気料金の話が出たので、現在強制的に停止させられている原子力発電からの電気

（Ｋｗｈ）は、すでに述べたように燃料代だけだとＫｗｈ当たり僅かに「一円」である。設備代などを入れた総合単価で「八円」。これに対し、現在代わりにやむを得ず使っている火力発電の総合単価は「十五円以上二十円」程度になっており、従って遂に電力会社が値上げをせざるを得なくなっている。

しかも、原子力発電に代えて、ＣＯ２の出ない自然エネルギーを先ほどのように、普及させようという積極的な政府（民主党政権）の指導で、家庭用電気料金の二倍もするような高価格の電気（Ｋｗｈ）を、どんどん作らせている。

この格差の、余りにも大きいことを是非とも知って頂きたいと思う。

電気代が、一〇％も上がったので会社が潰れると悲鳴を挙げている。よって、電力会社の経営をもっと洗い直して、徹底的に値上げを抑えるしか無いということになった。

アベノミクス効果で、ビジネスマンの給料が上がるという状況のときに、可愛そうにも電力会社の役員も管理職も、一般の従業員まで三〇％以上給料をカットしてまで、七％程度に値上げを抑えて電気料金を認可している。これでは、地方の電力会社はもちろんだが、企業は中小企業を含め社会的貢献は全く出来なくなる。

何としても、早く原子力発電を有効に活用する政策が要る。正に、トップリーダーの使命の重さが、今試されていると思われる。

⑤海外の発送電分離が失敗していることは、ただ事では無い

いみじくも、先ほどの新聞記事の解説に、最後に書かれていたことは、とても重要である。

すでに第三編で述べたように、欧米では二十年前から、自由化と民間企業の活力を投入して、経済成長を新たに図ることが、新たな技術革新、特にインターネットの活用等ＩＴ産業の発達を基軸に進められた。

広大な地域と大陸間の送電網が、メッシュ状に発達している欧米では、多分電気すなわちＫｗｈという商品の特質を殆ど考えずに、恰も一般の生産会社と輸送会社、それに販売会社のような感覚で、それぞれを分割し、それぞれに新規参入会社が生まれれば、ベンチャー事業が発展し経済が盛んに成ると考えた学者や経営者が進言したのだろう。

イギリスのサッチャー首相や、アメリカのレーガン大統領の時代に、そのことが本格化し、ヨーロッパ中が電力の自由化に沸いた。

ところが、先ほどのように皆が、電気Ｋｗｈというものの特性を知らなかった。結局は、一言で言えば、備蓄出来ない商品をどんどん作って儲けようとしたところに、大失敗の要因が在る。公益事業の公共物の電気は、低廉安定でなければならない。商売で稼ぐ手段では無いのである。大停電が発生したり、設立した会社の倒産が相次いでしまった。

だが、発送電を分離してしまったシステムを元に戻すことは、容易では無い。

高コストの発電会社を作らせたり、手続きや取引が複雑になった分だけ負担が増え、ヨーロッパ各国も、アメリカ合衆国五十州のうち発送電を分離した十八の州は未だに電気料金の高コストに悩んでいる。

結論的に言えば、ヨーロッパの中で、原子力発電を持つフランス、チェコ、スロバキア、ハンガリーなどだけは、電気料金が安定しているし、殆ど停電騒ぎ等も無い。またアメリカでは、はじめから発送電分離などしなかった二十八州とカリフォニアなど発送電分割を中止した七州（全体の三分の二）は、低廉な石炭や石油や天然ガスなどエネルギー資源も豊かであり、電気料金は安定しているし、供給信頼度も高い。

これに比べて、発送電を分割したところは、ヨーロッパと同じく、電気料金のコスト高に悩んでいるのが実態である。

海外の失敗したものを、形だけ持ち込み、ベンチャー事業の実験のようなことをされては、国民も地域社会も大迷惑である。

⑥再生可能エネ固定価格買取制度の改廃

最後になったが、もしもアベノミクスを成功させたいのなら、現在進行中のベンチャー事業の実験のようなことは、公益事業を使ってやって貰いたくない。もしも、この再生可能エネルギーの固定価格買取制度を、わが国の場合「原子力を限りなく低減する」という条件で、ドイツの例に真似るようなことは、全く不可能なのである。

ドイツには、エネルギー資源が国内に在る。昔から低廉豊富な褐炭が在って、その火力発電の電気で高度な製造産業が発展してきている。日本とは、国土条件が全く違うのである。もちろん、直ぐ隣のフランスやチェコなどから、低廉な原子力を電気（Kwh）で購入することも、出来るだろう。

そのドイツと同じような実験をしたいのなら、わが国はドイツのように豊富低廉な資源が無いのだから、他で埋めるしか無い。それが、日本の場合唯一「原子力の平和利用」なのである。

わが国が原子力を活用するという唯一の切り札を封印したまま、無謀な実験と言うしか無い再生可能エネルギーの固定価格買取制度（しかも二十年間のお墨付き）をすることは、正にアベノミクスの危ない火遊びのようなものである。ボデーブローが次第に効いて来た時に、気付いたのでは遅すぎる。

どこかの政党の議員が、ごく最近国会の委員会で「ドイツを訪問した時、原子力を完全にやめ、再生可能エネルギーに舵を切ったと環境大臣がはっきり述べた。日本もそうすべし」と息巻いていたのを覚えているが、この人はドイツと日本の地勢が全く違うことに気が付いていないか、或いは、知っていても不利なことを言おうとしないのか。もしも、知っていて言わないのなら、国民を欺いた発言である。ドイツの電気料金の値上がり状況は、前出の第１２図に示したとおり、最近１０年の間に約２倍になっている。

いずれにしても、早々にこのような「競争力の無い」一方的に行えるような既得権益を作り出し続けている、高価格の発電事業制度は、中止するか、或いはもっと実験の期間を短縮してもらい、生活や産業の糧となるような電気（Ｋｗｈ）は出来る限り、低廉かつ安定的なものでなければならないし、同時に一方的な国家統制なるような仕組みを、絶対にしてはならないのである。

終わりに

今回取り上げた、道州制実現に向けての課題は、未だみんながそう簡単には実現しないだろうと、多分冷ややかに心の中では感じているのではないだろうか。いわば、一種のそれが出来たらよいなと想うような夢と言うことだろうか。

しかし、私はそうは思わない。何故か。

それは、今の安倍政権の姿には、勢いがあるからだ。不可能と想われる夢を、正夢に変える馬力が感じられる。

彼は、これからは地方の時代と思い込んでいる。道州制は、実に第一次安倍内閣で仕込みを始めたものである。あれから、七年が経っている。いよいよ、仕込んだ窯の蓋を開けるときである。

但し、仕込んだときは、今考えてみると中央集権主義を実質的に持ち込み、蓋の色を塗り替えたようなものだった。だが、これから取り出して来る道州制は、本格的に地方に実権を与えなければ、多分アベノミクスの三本目の矢が折れるだろう。最早わが国は、東京一極集中では動かなくなりつつある。これも、グローバルな情報の渦のせいであろう。

中央集権社会のわが国が、溢れるIT情報の渦の中で、次第に欧米流の個人主義の風潮に染まっていく。それを救うのは、今や地方地域が持っている実力でしか無い。ヒト・モノ・カネの実力である。

それを、無理に中央の国家権力で、統制統率しようとすると、行く先は競争の無い独裁国家に転落する危険性が、コインの表裏のように見えてくる。

特に、長い日本列島の地方地域の土地と地勢に結び付いたもの、しかも今の日本人の生命を脅かすような基本的なもの、それはここで敢えて取り上げた三本柱の《水・電気・食料》についての、実権を中央の統制支配に持っていかれることである。道州制の時代に、この三本柱を国家行政に支配される構図が出来上がったら、アベノミクスは途端に萎んでいくだろう。もちろん、釜の中から取り出した道州制も、光り輝く柿右衛門のようなものではなく、中央に仕える色あせたものになりかねない。

議員内閣制の日本では、二大政党制の弊害として、これからは独裁的政治に走る危険性を孕んでいる。そこで次善の策として本文で述べたように、わが国の場合は、地方、地域の自治政府が中央を牽制するという方途を早々に国民世論として固める必要が在ると思った。

そんな思いで、急いで取り纏めた。

この書が、アベノミクスを光らせ、道州制を本格的に輝かせるための一理塚になれば光栄である。

さて今回のこの本の作成に当たっては、多くの勉強をさせてもらった。先ず最初は、私共が個人的な勉強会を行っている、明徳研究会と言う場所で、冒頭に出てきた芦塚日出美さんに三年ほど前にレクチャーしてもらった。（明徳研究会のメンバーは、別掲のとおり）その後、同じ同友会の代表幹事だった石原 進さんや貫 正義さんからも、話を聞いたことが在る。

また、福岡大学の寄付研究講座の研究を纏めるために、九州の知事会と経済界が創った九州地域戦略会議で道州制を取り扱っているというので、参加させてもらって下関まで出かけて行ったりした。さらに、最近になってからは、第一次安倍内閣の時、道州制のキックオフをされた増田寛也さんを招聘して、大分の広瀬勝貞知事と熊本の蒲島郁夫知事などが経済界と合同で開いた、道州制推進会議にも参加して勉強した。もちろん、経団連と九州経済連合会の合同会議での議論も参考になっている。つい最近では、九州経済連合会の大野芳雄さんや本田正寛さんの行政改革委員会で松尾新吾さんのレクチャーなどを聞く機会が在ったので、それも出かけていって、道州制と連邦制度について、私見を述べさせてもらった。

五月二十日、九州知事会は、敢えて道州制の推進いついての提言書をまとめ、政府に提言するという状況である。

こうした一連の勉強を通じて、私が重く感じているのは、欧米とは違い歴史的に中央支配を続けてきた組織社会の日本で、地域地方に本格的に「自治」の委任ないし完全な「移譲」が可能かという点である。上述の知事会の提言も、正にこのことを、重要視しているようであり、「中央政府の出先機関化しては意味が無い」という主旨を強調していた。さらに、私は本文の中で提案しているように中央政治行政の暴走の歯止めを地方自治政府に付与するという「日本型道州制」を是非真面目に固めていくべきではないかと思った。

さらに私は、この本で、地域地方の地勢や歴史や制度的文化に結び付いたもの、特に地域地方の特産物のようなものは、絶対に中央の支配が及ぶようなことはしてはならない、その基本が三本柱の《水資源・電気資源・食料資源》であるということを、強調した次第である。

個人的な盟友の土屋直知さんや水口昭一郎さん、それに石原 進さんや筑紫次郎さんなどとは、時々道州制についても、喧々諤々の議論をしている。郷里久留米の後輩、国際通の渡辺清孝さんや熊本の実業家でボランティア活動のリーダー石原靖也さんは、良いアドバイスをしてくれる。熊谷一雄さんや山下隆さんも同じだ。さらに、長尾亜夫さんや久保田勇夫さんそれに長谷川裕一さん、渡辺顕好さんなどからも、種々卓見を伺っている。また、先日は、トヨタ自動車の本社にお訪ねして、名誉会長の張富士夫さんにも種々ご懇談し貴重なアドバイスを頂いた。

この本は、そうした方々から教えて頂いたことの集大成でもある。お名前を本文中も含め出させて頂いた方々に、心より感謝を申し上げると共に、勝手に使用させていただいたことにつき、ご容赦をお願いしたい。

うちの上さんの登場は、読み易くするための方便であるので、ご了解頂きたい。

最後に今回も財界研究所の社長・村田博文さんに出版をお願いし、畑山崇浩さんに実質的にお世話になった。また、いつものように秘書の廣田順子さんには、原稿の整理等を手伝ってもらい、大いに助かった。それぞれ、心からのお礼を申し上げる。

平成二十五年六月十四日

永野　芳宣

【筆者が使用した参考文献】

〔道州制に関する総論・歴史・法律・一般経済などの文献〕

＊世界憲法集　高橋和之編　岩波文庫
＊新解説世界憲法集　初宿正典、辻村みよ子編　三省堂
＊地方自治法概説　宇賀克也著　有斐閣
＊自治体のしくみとながれ　イノウ編著　自由国民社
＊連邦制入門　ジョージ・アンダーソン著　新川敏光監訳　関西学院大学出版会
＊東アジアの拠点として輝く九州自治州を目指して
芦塚日出美著　福岡経済同友会
＊贈与の歴史学――儀礼と経済の間　桜井英治著　中公新書
＊地球46億年全史　リチャード・フィーティ著　草思社
＊中国は東アジアをどう変えるか　白井　隆、ハウ・カロライン著　中公新書

〔水資源に関する文献〕

＊水の環境戦略　中西準子著　岩波新書

＊平成20年日本の水資源・総合的水資源マネジメンへの転換　農林水産省編
＊水資源開発促進法――立法と公共事業　政野淳子著　築地書館
＊水ビジネスの再構築　宝月章彦著　環境新聞社
＊水で世界を制する日本　柴田明夫著　ＰＨＰ研究所
＊水ビジネスの世界　ステブ・ホフマン著　オーム社

〈電気に関する文献〉

＊エネルギー政策基本法（二〇〇二年六月十四日法律第七十一号）
＊総合エネルギー調査会電気事業分科会報告（二〇〇三年二月十八日）
＊電力システム改革専門委員会報告書（二〇一三年二月八日）
＊クリーンエネルギー国家の戦略的構築
石原　進、永野芳宣監修　南部鶴彦、合田忠弘、土屋直知、永野芳宣共著
財界研究所
＊脱原発は日本国家の打ち壊し　永野芳宣著　財界研究所
＊発送電分離は日本国家の心臓破壊　永野芳宣著　財界研究所
＊市民がつくった電力会社　田口理穂著　大月書店

＊さらば国策電力会社　安西　巧著　日本経済新聞出版社
＊電力システム改革をどう進めるか　八田達夫著　日本経済新聞出版社
＊進化する電力システム　伊藤　剛編　東洋経済新報社
＊電力思想の解体と再生　本間宇瑠男著　エネルギーフォーラム
＊原発・正力・ＣＩＡ　有馬哲夫著　新潮新書
＊精神論ぬき電力入門　澤　昭裕著　新潮新書
＊日本経済を創造的に破壊せよ　伊藤元重著　ダイヤモンド社

〈食料資源に関する文献〉

＊食料・農業・農村白書　農林水産省編〈各平成21年版〜24年版〉
＊食料・農業・農村白書〈参考統計表〉　農林水産省〈同上〉
＊急げ、国産資源の輸出戦略——日本型加工経済の終わり
永野芳宣著　財界研究所
＊日本の食はどう変わったか　原田信男著　角川選書
＊日本農業への正しい絶望法　神門善久著　新潮新書
＊農業ビッグバンの経済学　山下一仁著　日本経済新聞社出版社

＊日本農業の正しい絶望法　神門善久著　新潮新書
＊日本の農業と農村の復活　橋本和仁述　ＴＭ研究会シンポジューム資料

【本書に登場する人物名一覧】

※各編等に、以下のお名前を拝借しました。これまでの拙著の場合と同じく、ここに掲載させて頂くことで、皆様のご了承を得たいと存じます。
※なお、敬称は略させていただきます。また、文中に登場される順に掲載いたします。同じ編に二度以上登場された場合は、最初だけにいたします。

【序編】
安部　晋三
菅　直人
和辻　哲郎
東野　圭吾
芦塚　日出美

鎌田 廸貞
松尾 新吾
石原 進
貫 正義
矢田 俊文
嘉治 佐保子
蒲島 郁夫
【第一編】
亀崎 英敏
宇賀 克也
伊藤 博文
小泉 純一郎
江口 克彦
増田 寛也
芦塚 日出美

谷口 功
菅沼 龍夫
永田 見生
衛藤 卓也
【第二編】
岩城 修
中西 準子
竹下 登
麻生 泰
仲上 健一
橋本 淳司
宝月 章彦
種本 廣之
服部 聡之
政野 淳子

吉村 和哉
蒲島 郁夫
サッチャー
徳川 家康
小泉 純一郎
玉川 兄弟
【第三編】
瓜生 道明
安部 晋三
松永 安左ヱ門
孫 正義
真野 秀太
川端 康成
田中 進
野田 佳彦

伊藤 元重
谷口 功
橋本 和仁
【第四編】
小宮山 宏
安倍 晋三
中西 準子
谷口 功
橋本 和仁
坂上 隆
【第五編】
安倍 晋三
小泉 純一郎
吉川 洋
小宮山 宏

蒲島　郁夫
土屋　直和
水口　昭一郎
張富士夫
渡辺　顕好
長尾　亜夫
久保田　勇夫
長谷川　裕一
大野　芳雄
本田　正寛
筑紫　次郎
熊谷　一雄
山下　隆
渡辺　清孝
石原　靖也

村田 博文
畑山 崇浩
廣田 順子
《明徳研究会メンバー》
芦塚 日出美
磯山 誠二
大野 太三
川原 正孝
瓦林 憲治
久保 長
小高喜久夫
近藤 勲
杉山 信行
佐々木健一
土屋 直和

永野 芳宣
西高辻 信良
松尾 新吾
水嶋 修三
吉元 利夫
市山 信也

【文中に取り上げた表と図表】

第9表　2012年度の再生可能エネルギー電源別固定価格買い取り条件一覧

【巻末添付資料】

資料1　河川法（抄）
資料2　水道法（抄）
資料3　農地法（抄）
資料4　エネルギー政策基本法
資料5・電力システムに関する基本方針

【著者紹介】
永野　芳宣（ながの・よしのぶ）
1931年生まれ。福岡県久留米市出身。横浜市立大学商学部卒、東京電力常任監査役、特別顧問、日本エネルギー経済研究所研究顧問、政策科学研究所長・副理事長、九州電力エグゼクティブアドバイザーなどを経て、現在、福岡大学研究推進部客員教授。他にイワキ特別顧問、正興電機製作所経営諮問委員、立山科学グループ特別顧問、ＴＭ研究会事務局長などを務める。
■主な著者
『小泉純一郎と原敬』（中公新書）、『外圧に抗した男』（角川書店）、『小説・古河市兵衛』（中央公論新社）、『「明徳」経営論 社長のリーダーシップと倫理学』（同）、『物語ジョサイア・コンドル』（同）、『日本型グループ経営』（ダイヤモンド社）、『日本の著名的無名人Ｉ～Ｖ』（財界研究所）、『３・１１《なゐ》にめげず』（同）、『クリーンエネルギー国家の戦略的構築』（同、南部鶴彦、合田忠弘、土屋直知との共著）、『脱原発は〝日本国家の打ち壊し〟』（同）、『発送電分離は日本国家の心臓破壊』（同）、『ミニ株式会社が日本を変える』（産経新聞出版）ほか、論文多数。

水・電気・食料の国家支配の排除が道州制成功の鍵

2013年6月28日　第1版第1刷発行

著　者　**永野芳宣**

発行者　**村田博文**

発行所　**株式会社財界研究所**

［住所］〒100-0014　東京都千代田区永田町2-14-3 赤坂東急ビル11階
［電話］03-3581-6771
［ファックス］03-3581-6777
［URL］http://www.zaikai.jp/

印刷・製本　図書印刷株式会社

ISBN 978-4-87932-095-7
定価はカバーに印刷してあります。

—添付資料—

（資料１）：河川法（条文項目と第一章総則のみ）

河川法

（昭和三十九年七月十日法律第百六十七号）

最終改正：平成二三年一二月一四日法律第一二二号

第一章　総則

（目的）

第一条　この法律は、河川について、洪水、高潮等による災害の発生が防止され、河川が適正に利用され、流水の正常な機能が維持され、及び河川環境の整備と保全がされるようにこれを総合的に管理することにより、国土の保全と開発に寄与し、もつて公共の安全を保持し、かつ、公共の福祉を増進することを目的とする。

（河川管理の原則等）

第二条　河川は、公共用物であつて、その保全、利用その他の管理は、前条の目的が達成されるように適正に行なわれなければならない。

2　河川の流水は、私権の目的となることができない。

（河川及び河川管理施設）

第三条　この法律において「河川」とは、一級河川及び二級河川をいい、これらの河川に係る河川管理施設を含むものとする。

2　この法律において「河川管理施設」とは、ダム、堰、水門、堤防、護岸、床止め、樹林帯（堤防又はダム貯水池に沿つて設置された国土交通省令で定める帯状の樹林で堤防又はダム貯水池の治水上又は利水上の機能を維持し、又は増進する効用を有するものをいう。）その他河川の流水によつて生ずる公利を増進し、又は公害を除却し、若しくは軽減する効用を有する施設をいう。ただし、河川管理者以外の者が設置した施設については、当該施設を河川管理施設とすることについて河川管理者が権原に基づき当該施設を管理する者の同意を得たものに限る。

（一級河川）

第四条　この法律において「一級河川」とは、国土保全上又は国民経済上特に重要な水系で政令で指定したものに係る河川（公共の水流及び水面をいう。以下同じ。）で国土交通大臣が指定したものをいう。

2　国土交通大臣は、前項の政令の制定又は改廃の立案をしようとするときは、あらかじめ、社会資本整備審議会及び関係都道府県知事の意見をきかなければならない。

3　国土交通大臣は、第一項の規定により河川を指定しようとするときは、あらかじめ、関係行政機関の長に協議するとともに、社会資本整備審議会及び関係都道府県知事の意見をきかなければならない。

4　前二項の規定により関係都道府県知事が意見を述べようとするときは、当該都道府県の議会の議決を経なければならない。

5　国土交通大臣は、第一項の規定により河川を指定するときは、国土交通省令で定めるところにより、水系ごとに、その名称及び区間を公示しなければならない。

6　一級河川の指定の変更又は廃止の手続は、第一項の規定による河川の指定の手続に準じて行なわれなければならない。

（二級河川）

第五条　この法律において「二級河川」とは、前条第一項の政令で指定された水系以外の水系で公共の利害に重要な関係があるものに係る河川で都道府県知事が指定したものをいう。

2　都府県知事は、前項の規定により河川を指定しようとする場合において、当該河川が他の都府県との境界に係るものであるときは、当該他の都府県知事に協議しなければならない。

3　都道府県知事は、第一項の規定により河川を指定するときは、国土交通省令で定めるところにより、水系ごとに、その名称及び区間を公示しなければならない。

4　都道府県知事は、第一項の規定により河川を指定しようとするときは、あらかじめ、関係市町村長の意見をきかなければならない。

5　前項の規定により関係市町村長が意見を述べようとするときは、当該市町村の議会の議決を経なければならない。

6　二級河川の指定の変更又は廃止の手続は、第一項の規定による指定の手続に準じて行なわれなければならない。

7　二級河川について、前条第一項の一級河川の指定があつたときは、当該二級河川についての第一項の指定は、その効力を失う。

（河川区域）

第六条　この法律において「河川区域」とは、次の各号に掲げる区域をいう。

一　河川の流水が継続して存する土地及び地形、草木の生茂の状況その他その状況が河川の流水が継続して存する土地に類する状況を呈している土地（河岸の土地を含み、洪水その他異常な天然現象により一時的に当該状況を呈している土地を除く。）の区域

二　河川管理施設の敷地である土地の区域

三　堤外の土地（政令で定めるこれに類する土地及び政令で定める遊水地を含む。第三項において同じ。）の区域のうち、第一号に掲げる区域と一体として管理を行う必要があるものとして河川管理者が指定した区域

2　河川管理者は、その管理する河川管理施設である堤防のうち、その敷地である土地の区域内の大部分の土地が通常の利用に供されても計画高水流量を超える流量の洪水の作用に対して耐えることができる規格構造を有する堤防（以下「高規格堤防」という。）については、その敷地である土地の区域のうち通常の利用に供することができる土地の区域を高規格堤防特別区域として指定するものとする。

3　河川管理者は、第一項第二号の区域のうち、その管理する樹林帯（堤外の土地にあるものを除く。）の敷地である土地の区域（以下単に「樹林帯区域」という。）については、その区域を指定しなければならない。

4　河川管理者は、第一項第三号の区域、高規格堤防特別区域又は樹林帯区域を指定するときは、国土交通省令で定めるところにより、その旨を公示しなければならない。これを変更し、又は廃止するときも、同様とする。

5　河川管理者は、港湾法（昭和二十五年法律第二百十八号）に規定する港湾区域又は漁港漁場整備法（昭和二十五年法律第百三十七号）に規定する漁港の区域につき第一項第三号 の区域の指定又はその変更をしようとするときは、港湾管理者又は漁港管理者に協議しなければならない。

6　河川管理者は、森林法（昭和二十六年法律第二百四十九号）第二十五条 若しくは第二十五条の二 の規定に基づき保安林として指定された森林、同法第三十条 若しくは第三十条の二 の規定に基づき保安林予定森林として告示された森林、同法第四十一条 の規定に基づき保安施設地区として指定された土地又は同法第四十四条 において準用する同法第三十条 の規定に基づき保安施設地区に予定された地区として告示された土地につき樹林帯区域の指定又はその変更をしようとするときは、農林水産大臣（都道府県知事が同法第二十五条の二 の規定に基づき指定した保安林又は同法第三十条の二 の規定に基づき告示した保安林予定森林については、当該都道府県知事）に協議しなければならない。

（河川管理者）

第七条　この法律において「河川管理者」とは、第九条第一項又は第十条第一項若しくは第二項の規定により河川を管理する者をいう。

（河川工事）

第八条　この法律において「河川工事」とは、河川の流水によつて生ずる公利を増進し、又は公害を除却し、若しくは軽減するために河川について行なう工事をいう。

（以下略）

（資料２）：水道法（条文項目と第一章総則及び第二章水道事業 第一節事業の認可のみ）

水道法

（昭和三十二年六月十五日法律第百七十七号）

最終改正：平成二三年一二月一四日法律第一二二号

第一章　総則

（この法律の目的）

第一条　この法律は、水道の布設及び管理を適正かつ合理的ならしめるとともに、水道を計画的に整備し、及び水道事業を保護育成することによつて、清浄にして豊富低廉な水の供給を図り、もつて公衆衛生の向上と生活環境の改善とに寄与することを目的とする。

（責務）

第二条　国及び地方公共団体は、水道が国民の日常生活に直結し、その健康を守るために欠くことのできないものであり、かつ、水が貴重な資源であることにかんがみ、水源及び水道施設並びにこれらの周辺の清潔保持並びに水の適正かつ合理的な使用に関し必要な施策を講じなければならない。

２　国民は、前項の国及び地方公共団体の施策に協力するとともに、自らも、水源及び水道施設並びにこれらの周辺の清潔保持並びに水の適正かつ合理的な使用に努めなければならない。

第二条の二　地方公共団体は、当該地域の自然的社会的諸条件に応じて、水道の計画的整備に関する施策を策定し、及びこれを実施するとともに、水道事業及び水道用水供給事業を経営するに当たつては、その適正かつ能率的な運営に努めなければならない。

２　国は、水源の開発その他の水道の整備に関する基本的かつ総合的な施策を策定し、及びこれを推進するとともに、地方公共団体並びに水道事業者及び水道用水供給事業者に対し、必要な技術的及び財政的援助を行うよう努めなければならない。

（用語の定義）

第三条　この法律において「水道」とは、導管及びその他の工作物により、水を人の飲用に適する水として供給する施設の総体をいう。ただし、臨時に施設されたものを除く。

2　この法律において「水道事業」とは、一般の需要に応じて、水道により水を供給する事業をいう。ただし、給水人口が百人以下である水道によるものを除く。

3　この法律において「簡易水道事業」とは、給水人口が五千人以下である水道により、水を供給する水道事業をいう。

4　この法律において「水道用水供給事業」とは、水道により、水道事業者に対してその用水を供給する事業をいう。ただし、水道事業者又は専用水道の設置者が他の水道事業者に分水する場合を除く。

5　この法律において「水道事業者」とは、第六条第一項の規定による認可を受けて水道事業を経営する者をいい、「水道用水供給事業者」とは、第二十六条の規定による認可を受けて水道用水供給事業を経営する者をいう。

6　この法律において「専用水道」とは、寄宿舎、社宅、療養所等における自家用の水道その他水道事業の用に供する水道以外の水道であつて、次の各号のいずれかに該当するものをいう。ただし、他の水道から供給を受ける水のみを水源とし、かつ、その水道施設のうち地中又は地表に施設されている部分の規模が政令で定める基準以下である水道を除く。

一　百人を超える者にその居住に必要な水を供給するもの

二　その水道施設の一日最大給水量（一日に給水することができる最大の水量をいう。以下同じ。）が政令で定める基準を超えるもの

7　この法律において「簡易専用水道」とは、水道事業の用に供する水道及び専用水道以外の水道であつて、水道事業の用に供する水道から供給を受ける水のみを水源とするものをいう。ただし、その用に供する施設の規模が政令で定める基準以下のものを除く。

8　この法律において「水道施設」とは、水道のための取水施設、貯水施設、導水施設、浄水施設、送水施設及び配水施設（専用水道にあつては、給水の施設を含むものとし、建築物に設けられたものを除く。以下同じ。）であつて、当該水道事業者、水道用水供給事業者又は専用水道の設置者の管理に属するものをいう。

9　この法律において「給水装置」とは、需要者に水を供給するために水道事業者の施設した配水管から分岐して設けられた給水管及びこれに直結する給水用具をいう。

10　この法律において「水道の布設工事」とは、水道施設の新設又は政令で定めるその増設若しくは改造の工事をいう。

11　この法律において「給水装置工事」とは、給水装置の設置又は変更の工事をいう。

12　この法律において「給水区域」、「給水人口」及び「給水量」とは、それぞれ事業計画において定める給水区域、給水人口及び給水量をいう。

（水質基準）

第四条　水道により供給される水は、次の各号に掲げる要件を備えるものでなければならない。

一　病原生物に汚染され、又は病原生物に汚染されたことを疑わせるような生物若しくは物質を含むものでないこと。

二　シアン、水銀その他の有毒物質を含まないこと。

三　銅、鉄、弗素、フェノールその他の物質をその許容量をこえて含まないこと。

四　異常な酸性又はアルカリ性を呈しないこと。

五　異常な臭味がないこと。ただし、消毒による臭味を除く。

六　外観は、ほとんど無色透明であること。

2　前項各号の基準に関して必要な事項は、厚生労働省令で定める。

（施設基準）

第五条　水道は、原水の質及び量、地理的条件、当該水道の形態等に応じ、取水施設、貯水施設、導水施設、浄水施設、送水施設及び配水施設の全部又は一部を有すべきものとし、その各施設は、次の各号に掲げる要件を備えるものでなければならない。

一　取水施設は、できるだけ良質の原水を必要量取り入れることができるものであること。

二　貯水施設は、渇水時においても必要量の原水を供給するのに必要な貯水能力を有するものであること。

三　導水施設は、必要量の原水を送るのに必要なポンプ、導水管その他の設備を有すること。

四　浄水施設は、原水の質及び量に応じて、前条の規定による水質基準に適合する必要量の浄水を得るのに必要なちんでん池、濾過池その他の設備を有し、かつ、消毒設備を備えていること。

五　送水施設は、必要量の浄水を送るのに必要なポンプ、送水管その他の設備を有すること。

六　配水施設は、必要量の浄水を一定以上の圧力で連続して供給するのに必要な配水池、ポンプ、配水管その他の設備を有すること。

2　水道施設の位置及び配列を定めるにあたつては、その布設及び維持管理ができるだけ経済的で、かつ、容易になるようにするとともに、給水の確実性をも考慮しなければならない。

3　水道施設の構造及び材質は、水圧、土圧、地震力その他の荷重に対して充分な耐力を有し、かつ、水が汚染され、又は漏れるおそれがないものでなければならない。

4　前三項に規定するもののほか、水道施設に関して必要な技術的基準は、厚生労働省令で定める。

第一章の二　広域的水道整備計画

第五条の二　地方公共団体は、この法律の目的を達成するため水道の広域的な整備を図る必要があると認めるときは、関係地方公共団体と共同して、水道の広域的な整備に関する基本計画（以下「広域的水道整備計画」という。）を定めるべきことを都道府県知事に要請することができる。

2　都道府県知事は、前項の規定による要請があつた場合において、この法律の目的を達成するため必要があると認めるときは、関係地方公共団体と協議し、かつ、当該都道府県の議会の同意を得て、広域的水道整備計画を定めるものとする。

3　広域的水道整備計画においては、次の各号に掲げる事項を定めなければならない。

一　水道の広域的な整備に関する基本方針

二　広域的水道整備計画の区域に関する事項

三　前号の区域に係る根幹的水道施設の配置その他水道の広域的な整備に関する基本的事項

4　広域的水道整備計画は、当該地域における水系、地形その他の自然的条件及び人口、土地利用その他の社会的条件、水道により供給される水の需要に関する長期的な見通し並びに当該地域における水道の整備の状況を勘案して定めなければならない。

5　都道府県知事は、広域的水道整備計画を定めたときは、遅滞なく、これを厚生労働大臣に報告するとともに、関係地方公共団体に通知しなければならない。

6　厚生労働大臣は、都道府県知事に対し、広域的水道整備計画に関し必要な助言又は勧告をすることができる。

第二章　水道事業

第一節　事業の認可等

（事業の認可及び経営主体）

第六条　水道事業を経営しようとする者は、厚生労働大臣の認可を受けなければならない。

2　水道事業は、原則として市町村が経営するものとし、市町村以外の者は、給水しようとする区域をその区域に含む市町村の同意を得た場合に限り、水道事業を経営することができるものとする。

（認可の申請）

第七条　水道事業経営の認可の申請をするには、申請書に、事業計画書、工事設計書その他厚生労働省令で定める書類（図面を含む。）を添えて、これを厚生労働大臣に提出しなければならない。

2　前項の申請書には、次に掲げる事項を記載しなければならない。

一　申請者の住所及び氏名（法人又は組合にあつては、主たる事務所の所在地及び名称並びに代表者の氏名）

二　水道事務所の所在地

3　水道事業者は、前項に規定する申請書の記載事項に変更を生じたときは、速やかに、その旨を厚生労働大臣に届け出なければならない。

4　第一項の事業計画書には、次に掲げる事項を記載しなければならない。

一　給水区域、給水人口及び給水量
二　水道施設の概要
三　給水開始の予定年月日
四　工事費の予定総額及びその予定財源
五　給水人口及び給水量の算出根拠
六　経常収支の概算
七　料金、給水装置工事の費用の負担区分その他の供給条件
八　その他厚生労働省令で定める事項

5　第一項の工事設計書には、次に掲げる事項を記載しなければならない。

一　一日最大給水量及び一日平均給水量
二　水源の種別及び取水地点
三　水源の水量の概算及び水質試験の結果
四　水道施設の位置（標高及び水位を含む。）、規模及び構造
五　浄水方法
六　配水管における最大静水圧及び最小動水圧
七　工事の着手及び完了の予定年月日
八　その他厚生労働省令で定める事項

（認可基準）

第八条　水道事業経営の認可は、その申請が次の各号に適合していると認められるときでなければ、与えてはならない。

一　当該水道事業の開始が一般の需要に適合すること。
二　当該水道事業の計画が確実かつ合理的であること。
三　水道施設の工事の設計が第五条の規定による施設基準に適合すること。
四　給水区域が他の水道事業の給水区域と重複しないこと。
五　供給条件が第十四条第二項各号に掲げる要件に適合すること。
六　地方公共団体以外の者の申請に係る水道事業にあつては、当該事業を遂行するに足りる経理的基礎があること。
七　その他当該水道事業の開始が公益上必要であること。

2　前項各号に規定する基準を適用するについて必要な技術的細目は、厚生労働省令で定める。

（附款）

第九条　厚生労働大臣は、地方公共団体以外の者に対して水道事業経営の認可を与える場合には、これに必要な期限又は条件を附することができる。

2　前項の期限又は条件は、公共の利益を増進し、又は当該水道事業の確実な遂行を図るために必要な最少限度のものに限り、かつ、当該水道事業者に不当な義務を課することとなるものであつてはならない。

（事業の変更）

第十条　水道事業者は、給水区域を拡張し、給水人口若しくは給水量を増加させ、又は水源の種別、取水地点若しくは浄水方法を変更しようとするとき（次の各号のいずれかに該当するときを除く。）は、厚生労働大臣の認可を受けなければならない。この場合において、給水区域の拡張により新たに他の市町村の区域が給水区域に含まれることとなるときは、当該他の市町村の同意を得なければ、当該認可を受けることができない。

一　その変更が厚生労働省令で定める軽微なものであるとき。
二　その変更が他の水道事業の全部を譲り受けることに伴うものであるとき。

2　第七条から前条までの規定は、前項の認可について準用する。

3　水道事業者は、第一項各号のいずれかに該当する変更を行うときは、あらかじめ、厚生労働省令で定めるところにより、その旨を厚生労働大臣に届け出なければならない。

（事業の休止及び廃止）

第十一条　水道事業者は、給水を開始した後においては、厚生労働大臣の許可を受けなければ、その水道事業の全部又は一部を休止し、又は廃止してはならない。ただし、その水道事業の全部を他の水道事業を行う水道事業者に譲り渡すことにより、その水道事業の全部を廃止することとなるときは、この限りでない。

2　前項ただし書の場合においては、水道事業者は、あらかじめ、その旨を厚生労働大臣に届け出なければならない。

（技術者による布設工事の監督）

第十二条　水道事業者は、水道の布設工事（当該水道事業者が地方公共団体である場合にあつては、当該地方公共団体の条例で定める水道の布設工事に限る。）を自ら施行し、又は他人に施行させる場合においては、その職員を指名し、又は第三者に委嘱して、その工事の施行に関する技術上の監督業務を行わせなければならない。

2　前項の業務を行う者は、政令で定める資格（当該水道事業者が地方公共団体である場合にあつては、当該資格を参酌して当該地方公共団体の条例で定める資格）を有する者でなければならない。

（給水開始前の届出及び検査）

第十三条　水道事業者は、配水施設以外の水道施設又は配水池を新設し、増設し、又は改造した場合において、その新設、増設又は改造に係る施設を使用して給水を開始しようとするときは、あらかじめ、厚生労働大臣にその旨を届け出で、かつ、厚生労働省令の定めるところにより、水質検査及び施設検査を行わなければならない。

2　水道事業者は、前項の規定による水質検査及び施設検査を行つたときは、これに関する記録を作成し、その検査を行つた日から起算して五年間、これを保存しなければならない。

（以下略）

（資料３）：農地法（条文項目と第一章総則のみ）

農地法
（昭和二十七年七月十五日法律第二百二十九号）
最終改正：平成二三年一二月一四日法律第一二二号

第一章　総則

（目的）
第一条　この法律は、国内の農業生産の基盤である農地が現在及び将来における国民のための限られた資源であり、かつ、地域における貴重な資源であることにかんがみ、耕作者自らによる農地の所有が果たしてきている重要な役割も踏まえつつ、農地を農地以外のものにすることを規制するとともに、農地を効率的に利用する耕作者による地域との調和に配慮した農地についての権利の取得を促進し、及び農地の利用関係を調整し、並びに農地の農業上の利用を確保するための措置を講ずることにより、耕作者の地位の安定と国内の農業生産の増大を図り、もつて国民に対する食料の安定供給の確保に資することを目的とする。

（定義）
第二条　この法律で「農地」とは、耕作の目的に供される土地をいい、「採草放牧地」とは、農地以外の土地で、主として耕作又は養畜の事業のための採草又は家畜の放牧の目的に供されるものをいう。

2　この法律で「世帯員等」とは、住居及び生計を一にする親族（次に掲げる事由により一時的に住居又は生計を異にしている親族を含む。）並びに当該親族の行う耕作又は養畜の事業に従事するその他の二親等内の親族をいう。

一　疾病又は負傷による療養
二　就学
三　公選による公職への就任
四　その他農林水産省令で定める事由

3　この法律で「農業生産法人」とは、農事組合法人、株式会社（公開会社（会社法（平成十七年法律第八十六号）第二条第五号 に規定する公開会社をいう。）でないものに限る。以下同じ。）又は持分会社（同法第五百七十五条第一項 に規定する持分会社をいう。以下同じ。）で、次に掲げる要件のすべてを満たしているものをいう。

一　その法人の主たる事業が農業（その行う農業に関連する事業であつて農畜産物を原料又は材料として使用する製造又は加工その他農林水産省令で定めるもの、農業と併せ行う林業及び農事組合法人にあつては農業と併せ行う農業協同組合法（昭和二十二年法律第百三十二号）第七十二条の八第一項第一号 の事業を含む。以下この項において同じ。）であること。

二　その法人の組合員、株主（自己の株式を保有している当該法人を除く。）又は社員（以下「構成員」という。）は、すべて、次に掲げる者のいずれかであること（株式会社にあつては、チに掲げる者の有する議決権の合計が総株主の議決権の四分の一以下であるもの（チに掲げる者の中に、その法人と連携して事業を実施することによりその法人の農業経営の改善に特に寄与する者として政令で定める者があるときは、チに掲げる者の有する議決権の合計が総株主の議決権の二分の一未満であり、かつ、チに掲げる者のうち当該政令で定める者以外の者の有する議決権の合計が総株主の議決権の四分の一以下であるもの）、持分会社にあつては、チに掲げる者の数が社員の

総数の四分の一以下であるもの（チに掲げる者の中に、当該政令で定める者があるときは、チに掲げる者の数が社員の総数の二分の一未満であり、かつ、チに掲げる者のうち当該政令で定める者以外の者の数が社員の総数の四分の一以下であるもの）に限る。）。

イ　その法人に農地若しくは採草放牧地について所有権若しくは使用収益権（地上権、永小作権、使用貸借による権利又は賃借権をいう。以下同じ。）を移転した個人（その法人の構成員となる前にこれらの権利をその法人に移転した者のうち、その移転後農林水産省令で定める一定期間内に構成員となり、引き続き構成員となつている個人以外のものを除く。）又はその一般承継人（農林水産省令で定めるものに限る。）

ロ　その法人に農地又は採草放牧地について使用収益権に基づく使用及び収益をさせている個人

ハ　その法人に使用及び収益をさせるため農地又は採草放牧地について所有権の移転又は使用収益権の設定若しくは移転に関し第三条第一項の許可を申請している個人（当該申請に対する許可があり、近くその許可に係る農地又は採草放牧地についてその法人に所有権を移転し、又は使用収益権を設定し、若しくは移転することが確実と認められる個人を含む。）

ニ　その法人の行う農業に常時従事する者（前項各号に掲げる事由により一時的にその法人の行う農業に常時従事することができない者で当該事由がなくなれば常時従事することとなると農業委員会が認めたもの及び農林水産省令で定める一定期間内にその法人の行う農業に常時従事することとなることが確実と認められる者を含む。以下「常時従事者」という。）

ホ　その法人に農作業（農林水産省令で定めるものに限る。）の委託を行つている個人

ヘ　その法人に農業経営基盤強化促進法（昭和五十五年法律第六十五号）第四条第二項第三号に掲げる事業に係る出資を行つた同法第八条第一項に規定する農地保有合理化法人

ト　地方公共団体、農業協同組合又は農業協同組合連合会

チ　その法人からその法人の事業に係る物資の供給若しくは役務の提供を受ける者又はその法人の事業の円滑化に寄与する者であつて、政令で定めるもの

三　その法人の常時従事者たる構成員が理事等（農事組合法人にあつては理事、株式会社にあつては取締役、持分会社にあつては業務を執行する社員をいう。以下この号において同じ。）の数の過半を占め、かつ、その過半を占める理事等の過半数の者が、その法人の行う農業に必要な農作業に農林水産省令で定める日数以上従事すると認められるものであること。

4　法人の構成員につき常時従事者であるかどうかを判定すべき基準は、農林水産省令で定める。

（農地について権利を有する者の責務）

第二条の二　農地について所有権又は賃借権その他の使用及び収益を目的とする権利を有する者は、当該農地の農業上の適正かつ効率的な利用を確保するようにしなければならない。

（以下略）

（資料４）：エネルギー政策基本法（全文）

エネルギー政策基本法
(平成十四年六月十四日 法律第七十一号)

（目的）

第一条　この法律は、エネルギーが国民生活の安定向上並びに国民経済の維持及び発展に欠くことのできないものであるとともに、その利用が地域及び地球の環境に大きな影響を及ぼすことにかんがみ、エネルギーの需給に関する施策に関し、基本方針を定め、並びに国及び地方公共団体の責務等を明らかにするとともに、エネルギーの需給に関する施策の基本となる事項を定めることにより、エネルギーの需給に関する施策を長期的、総合的かつ計画的に推進し、もって地域及び地球の環境の保全に寄与するとともに我が国及び世界の経済社会の持続的な発展に貢献することを目的とする。

（安定供給の確保）

第二条　エネルギーの安定的な供給については、世界のエネルギーに関する国際情勢が不安定な要素を有していること等にかんがみ、石油等の一次エネルギーの輸入における特定の地域への過度な依存を低減するとともに、我が国にとって重要なエネルギー資源の開発、エネルギー輸送体制の整備、エネルギーの備蓄及びエネルギーの利用の効率化を推進すること並びにエネルギーに関し適切な危機管理を行うこと等により、エネルギーの供給源の多様化、エネルギー自給率の向上及びエネルギーの分野における安全保障を図ることを基本として施策が講じられなければならない。

2　他のエネルギーによる代替又は貯蔵が著しく困難であるエネルギーの供給については、特にその信頼性及び安定性が確保されるよう施策が講じられなければならない。

（環境への適合）

第三条　エネルギーの需給については、エネルギーの消費の効率化を図ること、太陽光、風力等の化石燃料以外のエネルギーの利用への転換及び化石燃料の効率的な利用を推進すること等により、地球温暖化の防止及び地域環境の保全が図られたエネルギーの需給を実現し、併せて循環型社会の形成に資するための施策が推進されなければならない。

（市場原理の活用）

第四条　エネルギー市場の自由化等のエネルギーの需給に関する経済構造改革については、前二条の政策目的を十分考慮しつつ、事業者の自主性及び創造性が十分に発揮され、エネルギー需要者の利益が十分に確保されることを旨として、規制緩和等の施策が推進されなければならない。

（国の責務）

第五条　国は、第二条から前条までに定めるエネルギーの需給に関する施策についての基本方針（以下「基本方針」という。）にのっとり、エネルギーの需給に関する施策を総合的に策定し、及び実施する責務を有する。

2　国は、エネルギーの使用に当たっては、エネルギーの使用による環境への負荷の低減に資する物品を使用すること等により、環境への負荷の低減に努めなければならない。

（地方公共団体の責務）

第六条　地方公共団体は、基本方針にのっとり、エネルギーの需給に関し、国の施策に準じて施策を講ずるとともに、その区域の実情に応じた施策を策定し、及び実施する責務を有する。

2　地方公共団体は、エネルギーの使用に当たっては、エネルギーの使用による環境への負荷の低減に資する物品を使用すること等により、環境への負荷の低減に努めなければならない。

（事業者の責務）

第七条　事業者は、その事業活動に際しては、自主性及び創造性を発揮し、エネルギーの効率的な利用、エネルギーの安定的な供給並びに地域及び地球の環境の保全に配慮したエネルギーの利用に努めるとともに、国又は地方公共団体が実施するエネルギーの需給に関する施策に協力する責務を有する。

（国民の努力）

第八条　国民は、エネルギーの使用に当たっては、その使用の合理化に努めるとともに新エネルギーの活用に努めるものとする。

（相互協力）

第九条　国及び地方公共団体並びに事業者、国民及びこれらの者の組織する民間の団体は、エネルギーの需給に関し、相互に、その果たす役割を理解し、協力するものとする。

（法制上の措置等）

第十条　政府は、エネルギーの需給に関する施策を実施するため必要な法制上、財政上又は金融上の措置その他の措置を講じなければならない。

（国会に対する報告）

第十一条　政府は、毎年、国会に、エネルギーの需給に関して講じた施策の概況に関する報告を提出しなければならない。

（エネルギー基本計画）

第十二条　政府は、エネルギーの需給に関する施策の長期的、総合的かつ計画的な推進を図るため、エネルギーの需給に関する基本的な計画（以下「エネルギー基本計画」という。）を定めなければならない。

2　エネルギー基本計画は、次に掲げる事項について定めるものとする。

一　エネルギーの需給に関する施策についての基本的な方針

二　エネルギーの需給に関し、長期的、総合的かつ計画的に講ずべき施策

三　エネルギーの需給に関する施策を長期的、総合的かつ計画的に推進するために重点的に研究開発のための施策を講ずべきエネルギーに関する技術及びその施策

四　前三号に掲げるもののほか、エネルギーの需給に関する施策を長期的、総合的かつ計画的に推進するために必要な事項

3　経済産業大臣は、関係行政機関の長の意見を聴くとともに、総合資源エネルギー調査会の意見を聴いて、エネルギー基本計画の案を作成し、閣議の決定を求めなければならない。

4　経済産業大臣は、前項の規定による閣議の決定があったときは、エネルギー基本計画を、速やかに、国会に報告するとともに、公表しなければならない。

5　政府は、エネルギーをめぐる情勢の変化を勘案し、及びエネルギーに関する施策の効果に関する評価を踏まえ、少なくとも三年ごとに、エネルギー基本計画に検討を加え、必要があると認めるときには、これを変更しなければならない。

6　第三項及び第四項の規定は、エネルギー基本計画の変更について準用する。

7　政府は、エネルギー基本計画について、その実施に要する経費に関し必要な資金の確保を図るため、毎年度、国の財政の許す範囲内で、これを予算に計上する等その円滑な実施に必要な措置を講ずるよう努めなければならない。

（国際協力の推進）

第十三条　国は、世界のエネルギーの需給の安定及びエネルギーの利用に伴う地球温暖化の防止等の地球環境の保全に資するため、国際的なエネルギー機関及び環境保全機関への協力、研究者等の国際的交流、国際的な研究開発活動への参加、国際的共同行動の提案、二国間及び多国間におけるエネルギー開発協力その他の国際協力を推進するために必要な措置を講ずるように努めるものとする。

（エネルギーに関する知識の普及等）

第十四条　国は、広く国民があらゆる機会を通じてエネルギーに対する理解と関心を深めることができるよう、エネルギーに関する情報の積極的な公開に努めるとともに、営利を目的としない団体の活用に配慮しつつ、エネルギーの適切な利用に関する啓発及びエネルギーに関する知識の普及に必要な措置を講ずるように努めるものとする。

附　則　抄

（施行期日）

第一条　この法律は、公布の日から施行する。

（資料５）：電力システムに関する改革方針（全文）

（平成 25 年 4 月 2 日　閣議決定）

低廉で安定的な電力供給は、国民生活を支える基盤である。

東日本大震災とこれに伴う原子力事故を契機に、電気料金の値上げや、需給ひっ迫下での需給調整、多様な電源の活用の必要性が増すとともに、従来の電力システムの抱える様々な限界が明らかになった。

こうした現状にかんがみ、政府として、エネルギーの安定供給とエネルギーコストの低減の観点も含め、これまでのエネルギー政策をゼロベースで見直し、現在及び将来の国民生活に責任あるエネルギー政策を構築していく一環として、再生可能エネルギーの導入等を進めるとともに、以下の目的に向けた電力システム改革に、政府を挙げて取り組む。その際、電気事業に携わる者の現場力や技術・人材といった蓄積を活かす。

Ⅰ　電力システムの改革の目的

1．安定供給を確保する

東日本大震災以降、原子力発電への依存度が大きく低下し、大半の発電が既存火力に依存する中、分散型電源を始め、多様な電源の活用が不可避である。特に、出力変動を伴う再生可能エネルギーの導入を進める中でも、安定供給を確保できる仕組みを実現する。

これまでの「同じ価格で需要に応じていくらでも電力を供給する」仕組みではなく、需要家の選択により需要を抑制したり、地域間の電力融通等の指示を行うことができる仕組みを導入し、需給ひっ迫への備えを強化する。

2. 電気料金を最大限抑制する

原子力比率の低下、燃料コストの増加等による電気料金の上昇圧力の中にあっても、競争の促進や、全国大で安い電源から順に使うこと（メリットオーダー）の徹底、需要家の選択による需要抑制を通じた発電投資の適正化により、電気料金を最大限抑制する。

3. 需要家の選択肢や事業者の事業機会を拡大する

電力会社、料金メニュー、電源等を選びたいという需要家の様々なニーズに多様な選択肢で応えることができる制度に転換する。また、他業種・他地域からの参入、新技術を用いた発電や需要抑制策等の活用を通じてイノベーションを誘発し得る電力システムを実現する。

Ⅱ　主な改革内容

上記の 3 つの目的からなる電力システム改革につき、以下の 3 つの柱を中心として、大胆な改革を現実的なスケジュールの下で着実に実行する。

1．広域系統運用の拡大

電力需給のひっ迫や出力変動のある再生可能エネルギーの導入拡大に対応するため、国の監督の下に、報告徴収等により系統利用者の情報を一元的に把握し、以下の業務を担う「広域系統運用機関（仮称）」を設立し、平常時、緊急時を問わず、安定供給体制を抜本的に強化し、併せて電力コスト低減を図るため、従来の区域（エリア）概念を越えた全国大での需給調整機能を強化する。

①需給計画･系統計画を取りまとめ、周波数変換設備、地域間連系線等の送電インフラの増強や区域（エリア）を越えた全国大での系統運用等を図る。

②平常時において、各区域（エリア）の送配電事業者による需給バランス･周波数調整に関し、広域的な運用の調整を行う。

③災害等による需給ひっ迫時において、電源の焚き増しや電力融通を指示することで、需給調整を行う。

④中立的に新規電源の接続の受付や系統情報の公開に係る業務を行う。

（周波数変換設備、地域間連系線等の整備）

なお、広域系統運用を拡大するため、広域系統運用機関が中心となって周波数変換設備、地域間連系線等の送電インフラの増強に取り組む。

また、地域間連系線等の整備に長期間を要している現状にかんがみ、関係法令上の手続きの円滑化等を図るため、重要送電設備を国が指定し、関係府省等と協議･連絡の場を設置するなどの体制を整備する。

2. 小売及び発電の全面自由化

（小売全面自由化）

家庭部門を含めた全ての需要家が電力供給者を選択できるようにするため、小売の全面自由化を行う。その際、需要家が適切に電力会社や料金メニュー、電源別メニューなどを選択できるよう、国や事業者等が適切な情報提供や広報を積極的に行い、また、スマートメーターの導入等の環境整備を図ることで、自由な競争を促す。

（適正な料金の確保）

ただし、一般電気事業者の料金規制は、電気の小売業への参入の全面自由化後も、実際に競争が進展していることを確認するまでの間、経過措置として継続する。また、料金規制の撤廃後（電気の小売料金の全面自由化後）も、需要家保護のため、最終的な供給保障を送配電事業者が行うことや、離島において離島以外の地域と遜色ない料金での安定供給を保障する等の措置を講じる。

（発電全面自由化等）

さらに、小売の全面自由化と併せ、発電の全面自由化（卸規制の撤廃）や、卸電力取引所における電力の取引量を増加させるための取組、商品先物取引法の対象への電気の追加の検討等を行う。

3. 法的分離の方式による送配電部門の中立性の一層の確保

（中立性確保の方式）

発電事業者や小売電気事業者が公平に送配電網を利用できるよう、送配電部門の中立性の一層の確保を図る。具体的には、一般電気事業者の送配電部門を別会社とするが会社間で資本関係を有することは排除されない方式（以下「法的分離」という。）を実施する前提で改革を進める。

法的分離の方式は、機能分離の方式と比較した場合、送配電設備の開発･保守と運用の一体性が確保でき、安定供給や保安の面で優位であるほか、送配電部門への投資、発電事業･小売事業の経営の自由度の面でも優位性がある。また、外形的に独立性が明確であるが、一層の中立性を確保するための人事、予算等に係る行為規制を行う。

また、法的分離を行った場合でも、給電指令等を行う送配電事業者が発電事業者との間で協調して災害時の対応や需給調整･周波数調整等を行えるよう、必要なルールの策定を行いつつ、制度を構築する。なお、制度の実施に向けた検討の過程で仮に克服できない問題が新たに生じ、実施が極めて困難になった場合には、一般電気事業者の送配電系統の計画や運用に関する機能のみを広域系統運用機関に移管する機能分離の方式を再検討することもあり得る。

(安定供給の確保)

送配電事業については、引き続き地域独占とし、総括原価方式等の料金規制により送配電線等に係る投資回収を制度的に保証する。また、引き続き、系統全体での需給バランスを維持する義務を課すことにより、安定した周波数や電圧など、経済活動の基盤となる高品質な電力供給を確保する。

さらに、緊急時等における国、広域系統運用機関、事業者等の役割分担を明確化し、国が安定供給等のために必要な措置を講じる枠組みを構築する。

このほか、全面自由化に当たって、小売電気事業者の供給力確保や、広域系統運用機関が将来の電源不足に備えて行う発電所の建設者の募集等、必要な制度を新たに措置することで、安定供給に万全を期す。

III 関連する制度整備

1. 関係法令の見直し

小売の全面自由化に伴い、一般電気事業、卸電気事業等の事業類型を見直す。これに伴い、関係法令における、いわゆる公益事業特権や税制等について、新たな電気事業制度上の枠組みに従い、需給バランスの維持等の義務を有する送配電事業者に加え、小売電気事業者、発電事業者といった各主体が安定供給上の責任を果たすことも踏まえ、各個別法令の目的と電気事業の適確な遂行とを勘案しつつ、必要な措置を講じる。

2. 行政の監視機能の強化

自由化された市場における電力取引の監視・モニタリングやルール整備、送配電事業に関する料金規制や行為規制の厳格な実施、緊急時及び平時における安定供給確保等に万全を期すため、行政による監視機能を一層高める。このため、電気事業に係る規制をつかさどる行政組織のあり方を見直し、2 年後を目途に、独立性と高度な専門性を有する新たな規制組織へと移行する。

IV 改革を進める上での留意事項

1. 一般電気事業者の資金調達環境との関係

今回の電力システム改革により、垂直一貫体制と総括原価による料金規制を前提とした一般電気事業者の資金調達環境は大きく変化することとなるが、巨額な設備投資を必要とするという電気事業の特性に加え、一般電気事業者が発行する電力債の発行額の規模にかんがみ、その取扱いの変更が金融市場全体に与える影響について十分配慮する必要がある。

特に、足下においては、原子力発電所の稼働停止等に伴い、一般電気事業者の事業収支や資金調達環境が悪化していることから、かかる状況の推移を踏まえ、事業者間の公平な競争環境の整備等、電気事業の健全な発展を確保しつつ、電力の安定供給に必要となる資金調達に支障を来さない方策を講じる。

具体的には、送配電部門の中立性の一層の確保の実施に際しては、今後の金融市場の動向等を踏まえることとし、一般担保を含めた金融債務の取扱いや行為規制に関して、必要な措置(経過措置等)を講じる。

2. 他の政策との関係

電力システムが直面する構造的な変化の下で電力供給の効率性・安定性を確保するには、電力システム改革以外の他の政策的措置が必要となる可能性がある。こうした中、自由化後の電力市場において活発な競争を促す観点から、原子力政策をはじめとするエネルギー政策を含め、何らかの政策変更等に伴い競争条件に著しい不利益が生じる場合には、これを緩和するため、別途その必要性や内容を検討した上で、必要な政策的措置を講じる。

V　改革プログラム

今回の電力システム改革は、大きな事業体制変革を伴うものであり、関連する法令の手当等を含め、十分な準備を行った上で慎重に改革を進めることが必要である。このため、実施を 3 段階に分け、各段階で課題克服のための十分な検証を行い、その結果を踏まえた必要な措置を講じながら実行するものとする。

なお、沖縄地域については、地域の特殊性を踏まえた制度とする。

電力システム改革の速やかな実施に向け、関係省庁は連携して改革の内容の具体化を進めるとともに、法律案その他の制度的準備を整える。

1．第 1 段階：広域系統運用機関の設立

平成 25 年 (2013 年) 通常国会には、昨今の電力の需給ひっ迫状況の改善等に資するよう、広域系統運用機関の制度の創設を中心とした法律案を先行的に提出する。広域系統運用機関は、平成 27 年 (2015 年) を目途に設立する。

また、段階的かつ確実に改革を進めるため、本法律案の附則に、以下 2. の電気の小売業への参入の全面自由化に係る制度、以下 3. の送配電部門の中立性の一層の確保に係る制度及び電気の小売料金の全面自由化に係る制度を構築するために必要な法律案を提出する時期やその実施時期をプログラム規定として措置する。

2. 第 2 段階：電気の小売業への参入の全面自由化

平成 26 年 (2014 年) 通常国会に、電気の小売業への参入の全面自由化に係る制度を構築するために必要な法律案を提出し、平成 28 年 (2016 年) を目途にこれを実施する。

3. 第 3 段階：法的分離による送配電部門の中立性の一層の確保、電気の小売料金の全面自由化

平成 30 年から平成 32 年まで (2018 年から 2020 年まで) を目途に法的分離の方式による送配電部門の中立性の一層の確保に係る制度及び電気の小売料金の全面自由化に係る制度を実施することとし、そのために必要な法律案を平成 27 年 (2015 年) 通常国会に提出することを目指すものとする。

また、電気の小売料金の全面自由化に係る制度を平成 30 年から平成 32 年まで (2018 年から 2020 年まで) の間に実施することとした場合に、小売電気事業者の間の適正な競争関係が確保されていないこと等により、電気の使用者の利益を阻害するおそれがあると認められるときは、当該制度の実施時期を見直す。